聖なる国、日本

欧米人が憧れた日本人の精神性

エハン・デラヴィ 著

かざひの文庫

はじめに

現代の日本人は、日本文化の持つ力（The power of culture）を忘れてしまっているのではないでしょうか？　今後、戦争や天変地異、隠されていた情報の開示などを経て、世界の人々の霊的大覚醒（Great spiritual awakening）が起こると私は見ていますが、人類がその覚醒に至るには日本の伝統・文化はとても重要なキーになるのではないかと考えています。

日本の伝統や文化で人類の覚醒の扉を開けるのは、日本文化に詳しいという欧米の人々の力だけでは力不足です。地球的・宇宙的規模の覚醒にするためには、本来、深淵な霊的遺産のなかで暮らす日本人が、自分自身の霊的伝統（Spiritual tradition）を真剣に思い出し、覚醒のための大航海に乗り出す必要があります。

しかし、どんな航海にも航海図が必要です。特にスピリチュアルという世界＝海は、危険に満ちあふれています。しかし怖れる必要はありません。私がこれからみなさんにお伝えするお話の数々には、日本人こそが21世紀の霊的航海に乗り出すべき民だということに目覚めてほしいという強い思いが込められています。

スピリチュアルあるいはスピリチュアリティについていいますと、これは定義が難しい。ウィキペディアでは、「霊魂や神などの超自然的存在との見えないつながりを信じる、または感じることに基づく、思想や実践の総称である。必ずしも特定の宗教に根ざすものではなく、普遍性、共通性を志向する概念である」と書いてありますが、スピリチュアリティという言葉のもっとも大事な部分、中核をなすものは、相手に対する慈愛の心を持つかどうかです。仏教でいうところの菩薩の心ですね。

自分のスピリチュアリティに没頭するのではなく、みんながよりよい生活ができるようにすることが、スピリチュアリティの基本的な考え方です。意識することなく、相手に対して挨拶をして、優しい心を持って接するということがスピリチュアルということです。特殊な神様を信じるということではありません。私は、スピリチュアルやスピリチュアリティをそういう意味でとらえています。

だから、日本人は非常にスピリチュアルな心を持つ国民性であり、とにかく相手のことを考えていること自体が、ものすごいことだと思っています。たとえ、スピリチュアルについての本を読んだことがなくても、話を聞いたことがなくても、哲学的なことを知らなくても、助け合う精神がスピリチュアルなのです。

『ラストサムライ』という映画があります。その映画のなかで、トム・クルーズ演じる主人公が日本の人々の毎日働く姿や相手に接する態度や生活を見て、「彼らは宗教的ではないが、スピリチュアルだな」と言うわけです。毎日の仕事場で、生活のなかで、心はスピリチュアルということです。ですから、スピリチュアルとは、心の表現のことなのです。

「気」という言葉があります。日本語には、この「気」という言葉を使った表現がたくさんあります。「気が短い」「気が長い」「気を静める」「気が散る」等々。「気」とはスピリチュアルに関係していて、気とはスピリチュアルな意識なのです。ですから、私は「気とは何か」を知りたくて東洋医学を勉強したわけです。

「気」はエネルギーの流れだなどという人がいますし、そう勘違いしている人が多いと思いますが、「気」はエネルギーのことではありません。「気」は心、心の持ち方です。ですから、日本人は世界でトップレベルの心のスペシャリストといっても過言ではありません。心の定義はなかなか難しくてできないのですが、日本人は心の一番の専門家といっても間違いではありません。

ところが現代の二十代、三十代の若い人たちを見ていると、スピリチュアリティが欠けているように思えてなりません。どうやって日本のスピリチュアリティを学ぶ場を提供したらいいかが問題です。学校では教えてくれません。私はそういう時にいつもこう言っています。「自分のカルチャーのルーツをもう一度、見たらどうか」とね。

スピリチュアルを知りたければ、日本の歴史や宗教、神道、芸術などなんでもいいのですが、日本の古代から伝わっている文化や宗教を通して、日本人のスピリチュアリティ、スピリチュアルな心とは何かを知ることができるのではないでしょうか。

スピリチュアルについて書かれた本を読むと、かえって混乱すると思います。スピリチュアリティを勘違いする危険性があります。たとえば、占いやスプーン曲げをスピリチュアルだと思ってしまうのではないかと感じるわけですが、それらはまったくスピリチュアリティと関係がありません。スプーン曲げのようなパフォーマンスはサイキック現象です。

本当にスピリチュアルな心、スピリチュアリティを知りたければ、おじいさんやおばあさんと一緒に生活をすればいいと思います。彼らは毎日の生活のなかでスピリチュアリティを発揮しているからです。スピリチュアリティはロマンティックなことではなく、すごく現実的なことなのです。だから、日本人はすごく現実的な民族だともいえます。毎日の生活のなかでスピリチュアルがあるからうまくいくわけです。心を養成することは、社会をよくすることにつながっているのです。

その心を忘れて、物質的なことだけで、それこそ、経済学や政治学だけで社会をよくするという考えは根本的に間違っているのです。

スピリチュアル、スピリチュアリティといえば、私はいつもチベット仏教のダライ・ラマを思い浮かべます。ダライ・ラマが来日すると、大勢の人たちが彼の話を聞きに講演会に駆けつけます。なぜなら、ダライ・ラマがスピリチュアル、スピリチュアリティのことを知っていると思い、その教えを乞うことを願っているからです。ですが、ダライ・ラマはロマンティックな人ではなく、非常に現実的な方です。

聴衆はダライ・ラマに「チベット仏教の目的は何か」と尋ねますが、その問いの奥底には、ダライ・ラマならきっと精神的な、崇高な考えを聞かせてくれるのではないか、という願望が潜んでいます。しかし、ダライ・ラマはこうした聴衆の質問に、ただ一言、「To be

Happy」とだけ答えるのです。

なぜなら、人間の唯一の希望は「幸せになること」だからです。それがスピリチュアルということなのです。ダライ・ラマはまたこう言います。「Kindness is my religion」と。人に非常に親切にすることがスピリチュアルだからです。さらに、ダライ・ラマはこうも言います。「大切なのは、優しさと思いやり」だと。

ですから、スピリチュアル、スピリチュアリティについてこんな定義をしてみてはどうでしょうか。

「自我を外した自分がスピリチュアル」だと。

自我を外した残りが本当の、真心の自分ということで、これを日本語で「真我」といいます。それがスピリチュアルな自分ということです。人間は誰しも「真我」を持っています。ダライ・ラマは、それを発揮しようではないか、という意見なのです。

しかし、現代の日本人は有名になればなるほど、そのことに負けて、驕り高ぶったりする傾向にあります。戦後、有名になったばかりに狂ってしまった日本人はたくさんいます。真の有名人は素直で、普通の人です。

日本語には「実るほど頭を垂れる稲穂かな」という言葉がありますが、スピリチュアル、スピリチュアリティを語るキーワードは「謙虚さ」なのです。

さて、この本ではまずはじめに、私が世界中を放浪した果てに、この偉大なスピリチュアルな国、聖なる国・日本にどうやって辿り着いたのかを話したいと思います。

その旅のエピソードのなかにも「サイン」はありますが、この本は、とにかく日本人が伝統に、すなわち本来性に再アクセスするためのシナプス的な役割を果たす、そんなミッションを持つ一冊だととらえていただければ幸いです。

目次

デザイン　ベター・デイス
カバー写真　本間日呂志

第1章

日本と出会うまで

「お前はアクシデントで生まれちまったんだ」

まずはじめに、私の子供の頃の話をしましょう。

私は、父親に歓迎されない赤ちゃんでした。父親はいつも私にこう言っていました。

「お前はアクシデントで生まれちまったんだ。想定外だ」と。

それが私に対する彼の口癖でした。私は拒絶されていたわけです。しかも、出産も大変だったようです。

ですから、私は、生まれながらにして両親から、なかでも父親から存在を拒絶されていました。父親は、ふたりの姉のほうが可愛かったのでしょう。そんな父親とは物心ついてからも喧嘩をすることすらありませんでした。

父親は魚の卸稼業をしていました。朝五時には港に出ていき、凍てついた北海の強風に身をさらしながら、魚市場で懸命に働いていました。ボートから降ろしたばかりの冷たい魚を店に運び入れ、スモークしたり、加工したりする仕事でした。ひと仕事が終わると、次はパブへ直行です。スコットランド人のお決まりの習慣です。これがないと、とてもではないが仕事なんかやってられないってことなのでしょう。パブではいつもフランク・シナトラの「マイ・ウェイ」を大声で歌っていました。よく酔っ払って帰ってきていました。そしてまた翌朝になると、早朝から厳しい仕事に行くという、毎日がその繰り返しでした。

母はウェイトレスでした。とても毎日が忙しそうでした。私の家はきわめて典型的な労働者階級の家庭だったのです。ですから、父親との温かい思い出などまったくなく、父親を尊敬することなどありえませんでしたし、どうして父親がそんなふうになってしまったんだろう、と考えたこともありませんでした。父親を尊敬するとか、温かい思い出とか、いっさいありませんでした。子供心に、親に期待しても無理だとわかっていたんです。「このふたりの生命体からは、そんなに愛情をもらえないな」と。

ただ、当分の間、我慢して父親とは一緒に暮らすしかないと割り切っていました。父親を恨むとか悲しいとか思うのではなく、両親も日々の暮らしで精一杯なのですから、親に依存しても仕方ないと思っていました。だったら、一刻も早く家を出て、ひとりで生きていこうと……それが少年期に出した結論であり、私の「独立個人」の始まりでした。

私を育てて愛情を注いでくれたのは、一番上の姉でした。その姉は図書館に勤めていました。二番目の姉はまったく違うタイプでしたが、長姉は「ブラザーができた！」と私の誕生をとても喜んでくれたそうです。そして、読書の楽しみを教えてくれたのも、その後いろいろ助けてくれたのもこの姉さんでした。

名門高校へ入学

そんな私が入った学校は、非常に保守的で校則も何もかもが厳しい学校でした。学校の名前は「アバディーン・グラマー・スクール」。この学校は詩人のバイロン卿とか、幕末の英国商人グラバーも学んだ歴史を持つ名門校でした。創立されたのは十三世紀です。男子校で建物は中世のお城のようなたたずまいをしていました。

スコットランドでは十二歳から中学生になります。私は入学試験を無事クリアしてこの超名門の学校に入学したのでした。ですから、当時は超真面目な生徒でした。しかし、その名門校は生徒の個性を重んじる、自由な雰囲気などありませんでした。

しかも、家に帰っても、そこは保守的な父親が中心となって醸し出される重苦しい雰囲気でしたので、私はそのような雰囲気にとうてい馴染むことができませんでした。ですから、私は、人間とは何かという人間本来の在り方を考え続け、自分の「居場所」を必死で探すことに時間を費やすようになりました。そして、様々なことを実践しました。

その頃から身体の仕組みに興味があった私は、将来は外科医になりたいと思っていました。医学というよりも、解剖学や病理学のほうに興味がありました。初歩の医学書を独りで読みあさり、内臓模型のスケッチをし、骨格や筋肉の名前を覚えようとしました。

今思えばちょっとオタク的だったかもしれません。先生は驚いていました。何しろきわめて特殊な筋肉の名前をわずか十三歳の少年が口にするわけですから。

その頃から、「アウトロー」だったのでしょう。

ヒッチハイクで国中を旅する

たとえば、私はこんなことをやってみました。

ある日、ヒッチハイクで国中を旅することを決意したのです。バッグに少しの荷物を入れて、行く先もどこに泊まるかも何も決めず、計画ということを考えもしませんでした。お金を持つことさえ拒んでいました。それは、自分自身の力でどこまで冒険できるか、何が自分の人生に起きるのか、それを試してみたかったからでした。そうしたら、ヒッチハイクの旅が非常に面白かったのです。毎日、どこまで行こうかと考え、誰に会って、何をするか、そんなことは誰にも決められないし、何が起きるかまったくわからない。こんな楽しいことが人生であるのかって思いました。

ある日のことです。いつものようにヒッチハイクの車を探していたら、スコットランド人の車に乗せてもらうことができました。そこで私はちょっとしたいたずらを思いついたのです。それは、わざとしゃべる言葉をアメリカンアクセントにしてみるということです。見ず知らずの人とのコミュニケーションがどんな変化をきたすのか、ほんのちょっとした実験というわけでした。

ところが、その親切なスコットランド人ドライバーは、私のことを完全にアメリカ人だと思い込んでしまい、本当にいろんな話を腹を割って話してくれました。私もアメリカ人になった気持ちで、真剣に彼の話を聞きました。そうすると、普通のスコットランド人同士の会話からでは出てこないような話がたくさん出てきました。どういうことかといえば、まるで、自然に、新鮮でクリエイティブな物語がふたりの間に生まれてきたわけです。

それはある種のゲームみたいなものでしたが、私にとってとてつもなく大きな発見でした。

それはそうでしょう。ちょっと話す言葉のアクセントを変えただけで、ふだんは絶対に味わえないような、とても楽しい時間を過ごすことができたのですから。

今でもあの時の、スコットランド人ドライバーと過ごしたヒッチハイクの時間や話し合ったことは覚えています。それが私の最初の旅であり、最初に学んだことでした。

本もたくさん読みました。姉が、私が本好きであることに気づいて、多くの文芸書を与えてくれました。特に好きだった文芸書は、ドストエフスキーとヘンリー・ミラーで、彼らの著作には大きな影響を受けました。

私が完璧に百八十度変わったのは、十六歳の時でした。それまでの学校の権威的な教育に反抗的になり、非常に不真面目な生徒になったのです。ルールなんかくそ食らえで、制服も着用しないし、髪の毛も伸ばし放題でした。その当時に憧れていたヘンリー・ミラーやドストエフスキーなどの書物を読むことによって、私自身は目が覚めたのでしょう。当時の社会システムに対する疑問が次々と噴出してしまったのです。

自分が通っている学校も日曜日の教会ミサも、すべて嘘であり、幻想だと思ったのです。誰も本当は何かを、真実を教えてくれないと思ったのです。なかでもヘンリー・ミラーへの憧れはますます強くなるばかりでした。一九三〇年代のパリや、彼が体験したアーティストたちとの生活に非常に憧れを抱いていました。

だから私は、学校で授業を受けても、こんなつまらないオジサンたちの話を聞くよりも、旅に出たほうが絶対百倍面白い！ と思ったのです。

旅にしか真実がありえないと。

春休みを利用してパリまでヒッチハイク

私は絶対にパリに行くんだという強い決意を秘めて、春休みを利用して旅に出ました。初めての外国旅行でした。そして、ヒッチハイクをしながら苦労して、辿り着いたセーヌ河岸は、まだ春浅く、夕暮れ時になると寒さが身にしみました。

映画『ポンヌフの恋人』にも登場する有名な橋の下で、私はパリについてから最初の夜を迎えていました。寒いし、お金もないし、今夜はこの橋の下で寝るしかないのかと思っていました。そう、人生で寝る場所は、いつもどんな時でも大事な問題です。どこで寝るのか。人間が寝るというのはどんな意味を持っているのか。

すると、若いフランス人男性が声をかけてきました。私がフランス語で挨拶をすると、彼はこう言いました。

「よかったら、俺の友達のアパートに来ないかい？」

十六歳の私にとっては、初めての外国人との交流でした。私は彼の言葉に甘えて、彼の友人のアパートで一晩を過ごすことにしました。小便くさくも、寒くもない部屋で、シーツにくるまって私は考えました。

「もし、お金を持っていたら、こんな幸せと人間関係は生まれなかった。無一文だったから、今ここにいる幸せが可能になったんだ」と。

それからギリシャのミコノス島にも行きました。ギリシャに行くために売血して資金を作ったのですが、その時にお金がなくなってしまい、丘を彷徨っていた私の目の前に、ちょうどひとり分くらいの穴が開いた巨石が現れたのです。まるで私のために誰かが置いてくれたようでした。お金もなかった私はその日から三週間あまり、夜はその巨石の中で寝て、昼間はレストランで働きながら、ギリシャ哲学と芸術にどっぷりつかった生活をしたのです。

パリもギリシャも非常に刺激がいっぱいで、大変楽しい旅でした。しかし、自分としてはどこか物足りなかったのです。本当のことをいえば、私は本当のスピリチュアリティ――すなわち霊性と神秘性を体験したかったし、求め始めていました。ちょうど、時代は一九七一年になり、ヒッピーが全盛の時代でした。フリーダム＆ピースの時代でした。私のような考え方をする人間は他にも大勢いたのです。

自由に生きていくと決断

私は高校を卒業しましたが、大学に行く気にはなれませんでした。高校もそうでしたが、大学にしてもロクなことを教えてくれないと、私にはわかっていたからです。

よい学校に行って、よい会社に就職して、そして結婚をして子供をつくり、保険をかけて生きていくという、誰もがたどる道を選びたくはないと思っていました。そんな人生って、ばかばかしいと思っていました。そのような人生なんてごめんだ、と反発していたのです。自分の人生なんだからそれは自分で作っていく、自分の発想で自由に生きていく、そう決心した時から、私は本格的なヒッピーになったというわけです。

私がそんな人生の選択をしたことについて、両親はまったく何も言いませんでした。たとえ親が反対したとしても、自分の人生なんだから、一度、決心したことは変えるつもりはありませんでした。

これは、スコットランド人の性格なのでしょう。親は少しは心配したでしょうが、日本と違って、スコットランドの親は子離れが非常に早いことで知られています。逆にいえば、子供が早く家から出て行ってくれたほうが助かると思っていたのかもしれません。

生まれ故郷のアバディーンの雰囲気はとても暗くて、寒い日が続き、いつも霧がかかっていました。スコットランドはどの地域でも似たような天候で、太陽が顔を出す日はきわめて少ない。そんなところで育ったら、誰だって鬱になってしまう。だから、スコットランド人は誰でも外国に行きたがるのです。

さらに、スコットランド人の探険家が多いのも、おそらく天候のせいなのでしょう。一刻も早くスコットランドからもっと違うところに行きたい、逃げ出したい、というのがスコットランドの冒険魂です。しかも、スコットランド人は非常にタフです。

十七歳の時に家を出る

私が家を出たのは十七歳の時でした。

家を出た私が転がり込んだのは、ロンドンにあるヒッピーのコミューン。平均年齢は二十歳。ひとつのアパートを借りて、十五人から十六人で共同生活を行っていました。

仕事をしている人も、仕事をしていない人も、学歴の高い人もそうでない人もみな平等という考え方の下に、お金も食料も、たとえわずかであっても、みんなでシェアするのが原則でした。それがヒッピーの流儀でした。

私の姉がスーツケース一杯の缶詰を差し入れしてくれた時も、コミューンのみなで缶詰パーティを開きました。自分に差し入れされたモノだからそれは私のモノだという考えは毛頭なく、「みんな集まれ～、食いもんがあるぞ～」という調子でした。

私はヒッピーのコミューンで集団生活をおくりながら、これから自分はどう生きたらいいのかを考え始めました。確かに、コミューンでの暮らしはとても楽しいけれど、私は「独立個人」です。いつまでもコミューンに留まることはできません。

そして、ヒッピー思想が私の心身を満たしたと思った時、私の「オン・ザ・ロード」が始まったわけです。ちょうど、ビート作家ジャック・ケルアックのそれそのままに、です。私はコミューンを後にしました。放浪への第一歩です。

コミューンを後にした私が目指したのは、インドでした。インドを目指したのは、インドでは絶対的にスピリチュアルな体験ができるからです。何しろ、インド中、聖者だらけなのですから。

私は、ポケットに二十ポンドというほぼ無一文の状態で、無謀にもロンドンを後にしました。二月の寒い日でした。二十ポンドは、ドーバー海峡を渡るためだけの費用です。インドまではヒッチハイクで旅するつもりでした。物質主義を嫌悪していた若造が、本当にモノを持たずに、その一歩を踏み出したわけです。

「金は汚いものだ」

それがヒッピー精神の基本です。生きていくためにお金が必要だということは理解しています。でも、お金に執着するのはバカげた話です。バックパッカーとはまったく違います。特に、アメリカからやってきたバックパッカーたちは、でっかいバッグにクレジットカードやトラベラーズチェックを入れての放浪者きどりです。そんなのは、ただ荷物が多いだけの観光旅行と同じです。

ヒッピーは違います。お金に執着しないで生きる、正真正銘のライフスタイルを貫いています。たかだか一カ月、二カ月という短期間限定のヴァケーションではありません。だから、バックパッカーたちは「本物」ではないと、今でも思っています。

インドへと旅立つ

ロンドンを発ってからトルコのイスタンブールまではあっという間でした。ヒッチハイクの連続でしたが、当時のオリエント・エクスプレスよりも早く旅ができたようです。高速自動車道路もありましたし、ものすごいスピードで車を飛ばしていったからです。

ロンドンを発って3日後、私はアジアの玄関であるイスタンブールにいました。アジアへの第一歩です。

菜食主義者で無一文の私は、パンとオレンジで空腹をしのいでいました。しかし、トルコから先が問題でした。なぜなら、イランやアフガニスタンを抜けていくのに、菜食主義ではとても通用しなかったからです。それらの国々ではケバブ（串焼き肉）しかなかったのです。毎日、来る日も来る日も、全部お肉での食事でした。菜食主義なんてものはまったく通用しないとわかりました。私は痛感しました。まさにアジアの匂いだと。

ロンドンを発ってから一カ月後、私はパキスタンとインドの国境まで来ていました。よくここまで辿り着いたものだと思いました。ついに来たぜ！

でも、腹の調子がおかしくなり始めていました。これは旅先ではよくあることです。私はそんなことは少しも気に留めませんでしたが、油断していたのでしょう。猛烈な下痢と高熱に襲われ、歩くのもやっとという状態になったのです。赤痢でした。

それでも、私は旅を辛いとかこの旅をやめようとは思いませんでした。自分で選択したことです。考えてみれば、空腹も病気になるのも珍しいことではありません。同じような病気になった旅行者を私はたくさん見てきたからです。

こういう時は、心配しすぎないことが大事です。そして、怖がらない、心配しない、後悔しない。このことがどれほど生きるうえで重要なことなのかを考えていました。単純な考え方ですが、人生の意味が詰まっていると思います。

「なんとかなるでしょ！　まだまだ行ける！」

私は宇宙に向かって叫びました。インドの大地を下痢をしながら歩き、ヒッチハイクしました。気持ちだけは強く前を向いていました。でも、身体はフラフラでした。熱もハンパではありませんでした。今から思うと、よく生きていたものだと思います。

ガンジス川に流れる焼けた遺体

そして、フラフラになりながら辿り着いたのは、聖なる河ガンジスの街、ベナレスでした。しかし、私は無一文でしたから、まず、無料で泊まれるところを探さねばなりませんでした。そこで見つけたのが、ボートデッキなら泊まれるらしいということでした。

しかし、赤痢はさらに悪化していました。食欲はまったくなく、何も食べられません。高熱でまともに立つこともできませんでした。そんな私の唯一の楽しみは、一日に二〜三回、ガンジス河に入って身体を冷やすことでした。

汚い話ですが、赤痢で高熱、何も食べられないことから、尻からは水しか出てきません。

おまけに直射日光の日差しは非常にきつく、容赦なく病弱の身を照らし続けます。暑いなんてものではありません。私は、もう死ぬしかないのではないかと思いました。

唯一の救いは泥水の川につかることでした。ところが、川につかるのはとても気持ちがいいのですが、私が水につかっているその脇を、死んで焼かれた人の遺体が流れていくのです。いたるところに、焼けた人間のパーツが流れてきます。

私も死んだら、こんな状態になるのか……。しかし、ガンジス川の水はとても冷たくて、高熱の身にはありがたいものでした。

そうこうしているうちに、この暑さはとても耐えられるものではないという思いにとらわれてしまいました。直感的に、このままではダメになると思いました。もう、涼しいところに行くしかないのだと。そう思ったら、朦朧とした頭に浮かんだのは、「そうだ、ヒマラヤの麓だったら涼しいのではないか」ということでした。

「カトマンズだ！　カトマンズに行こう、なんといってもヒマラヤの麓だ、涼しくないわけがない！」

そう思うといても立ってもいられません。私はどうにかトラックを見つけて、やっとの思いで、ベナレスを後にし、カトマンズを目指しました。

カトマンズでの暮らし

数日後、高地のカトマンズに着いても、私は無一文でしたので、泊まる場所がありません。一生懸命考えたあげく、私ははいていたジーンズを売ることにしました。今から思えば、自分がはいていたぼろぼろのジーンズがよく売れたものだと思いますが、ジーンズを売って得た金で一泊分の宿代ができたことは事実でした。ジーンズを売ってしまったから身につけているのはパンツ一丁でした。ここまでくると、笑いごとではありませんが、人間というものはどんどんシンプルになるようです。しかし、寝るにはパンツ一丁で十分です。「これも冒険だ」と笑ってしまいました。

一晩寝て翌朝になっても、下痢は治まりませんでした。もう何も売るものがないので金を得ることができず、無一文の状態に変わりはありません。独りぼっちでしたが、ちっとも寂しいとは思いませんでした。

しかし、私には感傷にひたっている暇はまったくありませんでした。今晩の寝る場所を確保しなければなりません。町に出てみると、意外な噂が耳に入ってきました。

「大きなヒッピーグループがこの町に来ているらしい」というのです。私は尋ねました。

「なんという団体ですか？」

「ホッグファームだよ、知っているか？」

オーマイゴッド！ なんということでしょうか。私は思わず快哉を叫びました。ホッグファームといえば、世界一有名なヒッピーグループだからです。その当時、古ぼけた「ヒッピーバス」で世界中を巡り、貧しい人々や子供たちを支援する活動を行っていました。

『ウッドストック』という映画のなかで、「五十万人のブレックファーストしようぜ！」と叫んでいる人たちです。

私はこれぞ天の助けだと勝手に思いました。彼らはバスで移動しているからお金も持っているだろうし、当然、食事も分け与えてくれるはずです。

私はさっそく彼らと一緒に行動できるように頼みました。彼らは快く私を受け入れてくれました。おかげで、赤痢地獄から生還することができました。彼らはみんな、自由で大きな心を持った人たちでした。ホッグファームで過ごした日々は、刺激にあふれていました。


カトマンズは天国のような場所でした。政府関係の店でマリファナが合法的に買えましたし、警察官たちものんびり歩いていました。カトマンズの町の歴史は旧く、綺麗な寺院もたくさんありました。確かに、カトマンズはきわめて貧しい町です。道路はあちこちに糞が散らばっていますし、病気も流行っていました。しかし、私にとってはそんなカトマンズの町が醸し出す自由さがたまらなく好ましかったのです。

私はその間、世界一有名なヒッピーである、エイト・フィンガーズ・エディにも会うことができました。彼は指が2本欠けていましたから、そう呼ばれていました。当時は四十五歳くらいでしたが、一緒に喫茶店でパーティしたり、マリファナを吸ったりしました。私はヒッピーが最高の時代に、最高の場所に身を置いているという快感がありました。

聖者が集まるカシミールへ

カトマンズに一カ月ほど滞在してから、体調もよくなりましたので、再び、インド内を放浪する旅にでました。何しろ当時の私の立ち位置は放浪者でしたから、ひとつのところに長く留まっていることができませんでした。ですから、とにかく動いて移動するわけです。それはまた無一文の旅の始まりを意味していました。

私は持っているものも最低限必要なものに絞り、小さなバッグとショール、それと褌に裸足という出で立ちで十分でした。もうその頃には、足の裏は登山靴並みにカチカチになっていました。ジーパンもジャケットも必要ありません。インドでは、ショール一枚あればどこでも寝ることができました。

私が目指したのは、山岳地帯のカシミールでした。カシミールは織物で有名なところです。なぜ私がカシミールを目指したかといえば、カシミールには聖者たちが集まると聞いていたからでした。

確かに、カシミールには多くの聖者（サドゥー）がいました。全インドから集まってくるからです。彼らは一様に長いひげをはやし、腰巻ひとつの半裸姿で、裸足で放浪していました。彼らは、ヨーガを窮め、神のために生きる行者であり、巡礼者であったのです。

彼らは、マリファナ＝「聖なる植物のスピリット」をパイプで吸いながら、巡礼していました。しかし、彼らは自分の快楽のためにマリファナを吸うのではありません。あくまでも「シヴァ神」のために吸うのです。

彼らの宗教の形は、マリファナ（ハシシ）を吸っては神様にお祈りを捧げるというスタイルです。「マリファナ＝薬物＝法律で禁じられている」と思い込んでいる人がいたら、それはまったく見当違いの思い込みに過ぎません。世界には、「植物のスピリット」をガイドにして人生と魂の奥義を窮めようとしている人たちがいます。

私は彼らと山の中の寺院で二～三週間、一緒に過ごしました。私を寺院に導いてくれたのは、女性ロビンフッドみたいな聖者で、マタジという人でした。六十七歳くらいで、非常にタフな女性でした。彼女は若いヒッピーたちにお金を配っては、食べさせてあげる使命感に燃えていました。

私が滞在した寺院に集まって修行に勤しんでいた聖者の平均年齢は七十歳ぐらいでした。ある時、アマルナスというお祭があり、全国から多くのサドゥが集まってきました。その時、私は元マドラス大学の英文学の先生と親しくなりました。彼は英語ができたし、とてもおしゃべりでした。

なぜ彼がおしゃべりだったのかといえば、実は、彼は八十六歳で二十六年目の巡礼をしている最中だったからです。このお祭が終わると、彼は死ぬまで沈黙の修行に入らねばなりませんでした。

西洋人で、同じように物質世界を捨てて来ている私たちヒッピーに話をすることは、彼にとってても刺激的だったと思います。サドゥーたちは、地元の人たちからは、「偉い人」と扱われるだけで、真のコミュニケーションをとることが難しかったのでした。

私は彼と話し続けました。話題はいくらでもありました。スピリチュアルライフとは何か。巡礼とは何か。聖地とはいかなる場所なのか。夢中で話をし、時を忘れました。

でも、身体は正直です。私の身体は相当まいってきていました。がりがりに痩せていました。このままカシミールに留まるのは楽しいが、下手すると死んでしまうかもしれないと思いました。現に、赤痢や栄養失調で亡くなった友達もいました。密林のサドゥーに会いに行って、野宿しているところを象に蹴られて半死半生で故郷に送り返された仲間もいました。

国へ帰ろうと思いました。このままでは生命の危機に陥ると思ったのです。いったん、故郷に帰って、私自身の今後を見つめてみようと決心しました。そう思ったとたん、私はヒッチハイクでロンドンを目指していました。

鈴木大拙との出会い

話は戻ります。

十九歳の誕生日、私はアフガニスタンのカンダハールにいました。インドとパキスタンの戦争が勃発したため、アフガニスタンのカンダハールで足止めをくらい、ずいぶん長くその地で待機することを余儀なくされました。

私はこの時も、猛烈な赤痢にかかってしまいました。地元の人たちはそんな私にとても親切でした。金のない私に同情してくれましたが、彼らの生活スタイルは非常に極端なものでした。たとえば、彼らの病気の治療方法はアヘンでした。アヘンの塊を食べて赤痢を治すというのです。私はありえないと思いました。病気を治すのにアヘンの塊を食べますか？ところが地元の人たちは口々に、「一晩で治るから、アヘンの塊を飲み込め」というのです。しかたがないので、私はアヘンの塊を飲み込みました。アヘンはものすごく油っぽくて、気持ちが悪い。我慢してアヘンをようやく飲み下すと、丸一日ぶっ倒れてしまって、ものすごい夢を見ながら吐くわけです。吐いては夢を見て、夢を見ては吐くという繰り返しでしたが、赤痢は一発で治りました。

アフガニスタンの人にとって、アヘンはいわゆるドラッグでなくて、漢方薬みたいなものだったのです。日本やイギリスでアヘンを含んだら、違法ドラッグということで、法律に触れます。逮捕されるでしょう。しかし、アフガニスタンでは私の赤痢はアヘンで退治できました。つまり、私はここがポイントだと思います。すなわち、そこには「学び」があったわけです。たとえば、「薬って何？」「ドラッグって何？」ということです。

カンダハールでは特に何もすることがなく、することといえば本を読むことぐらいでした。本も読み終えた時に、同じ宿に泊まっていたフランス人が置き土産として宿に残していた一冊の本が目にとまったのです。タイトルを見ると『禅ブディズム』とありました。筆者は鈴木大拙。

それまで禅のことなどまったく興味がなかったのですが、暇つぶしに読んでやろうと手にとって読み始めたとたん、ガ〜ンと頭を殴られたような衝撃を受けたのです。今から考えると、自分の人生の大きな転換点になった書物になりました。本当にびっくりしました。明らかに魂が動揺したのです。

「日本ってすごい、こんななんともいえないシンプルな世界があるんだ！　ぜひ日本に行きたい！」という強烈な思いにかられました。

その日から私の頭を支配していたのは、日本に行くということばかりでした。とにかく早く日本にいきたい！　と。

しかし、そうはいっても、同じアジアにいても、日本は非常に遠い国でした。スコットランドから見ればほぼ地球の反対側の国です。しかも、日本について知っていることといえば、鈴木大拙の書いた禅についてのみでした。

さらに、現実問題として、お金も底をついてしまっていました。どうにかカンダハールまではヒッチハイクで到達しましたが、当時の私には、そこまでが限界でした。それが、一九七一年のことでした。

それから三年間をかけて世界のいろいろなところを回りましたが、常に頭の中にあったのは、日本へ行きたいという夢でした。カンダハールで鈴木大拙の本に出合って禅のことを知り、日本の京都について知ることになったのは、あるアメリカ人との出会いがきっかけでした。彼は私にこう言ったのです。

「現代文明でありながら、古来の高い精神性を保っている場所があるよ」と。

それが、京都のことでした。そのことを聞いてから、なにがなんでも日本へ行くんだという思いがわきあがったのでした。

私は旅の途中でいろいろな方から、アドバイスを受けることができました。よく、「なぜ日本を選んだの？」「京都を知ったきっかけは？」といった質問を受けますが、実をいうとインドにいた時に、日本についての情報を収集していました。

インドといえば、一九七〇年代のインドは前述したように、ヒッピーのメッカといってもいいほどでした。当時のヒッピーたちはとにもかくにもインドを目指していました。そこでインドのカルチャーに触れて、みんな圧倒されるのです。

インドのいたるところに聖者がいます。三十年間ジャングルで修業し、虎と交信していたというようなおもしろい話が街中にはあふれていました。ですから、インドはヒッピーたちにとって、とてもエキサイティングで、ドラマチックだったのです。そう、インドの聖者はみなスーパーマンだったのです。

しかし、そうだからといって、インドで長期滞在し、修行に明け暮れ、私もスーパーマンになりたいのか？　と自問すれば、答えは自ずと明らかでした。「NO」です。

私には三十年間、ジャングルで修業はできません。衛生面で問題がありました。あまりにも私とインドとでは生活する環境が違いすぎたのでした。つまり、インドでは自分は生きていけないと、正直に思いました。ですから、インドの精神世界の最前線は、当時の若き私の眼差しには、あまりにも「例外中の例外」に映っていたのです。

「物質主義」からの解放

ヒッピー思想の原点である「お金は汚いもの」が理解できる、エピソードをお話しいたします。それはアフリカを縦断していて、とても過酷な旅でしたが、エチオピアに入った時のことです。

当時のエチオピアは治安がとても悪いうえに、夜になると、野生のハイエナが獲物を探しながら歩きまわっていました。ですから、危険だということで、野宿は許されませんでした。その代わりに、ツーリスト用のキャンプが用意されていました。日本でいえば、有料のバーベキュー場のような場所だと思ってください。周囲は柵で囲まれており、その中に入るには一泊一ドルが必要でした。

私のその時の「手持ち」はたったの二ドルでしたが、柵の中に入るしかありません。柵の中には、私のようなヒッピーは少なく、ほとんどがフル装備のツーリストたちでした。寝ようとした時です。私は、柵の外に母子が立っているのに気づきました。その佇まいから、あきらかにお金を持っていないとわかりました。

他のツーリストたちも当然、母子の気配に気づいていたと思いますが、彼らはふたりを見ないようにそっぽを向くではありませんか。フル装備のツーリストたちは、現金をたくさん持っているに違いないのに。私のポケットにはわずか一ドルしかありませんでしたが、私は躊躇することなく、その一ドルを母子に差し出しました。まさにこれこそが「ヒッピーエコノミー」です。

手持ちのお金はゼロになるけど、お金はいつかはなくなるものです。そして、お金がなくても、必ずなんとかなると思っていました。これは「宇宙のサポート」というものを信じているからです。これは頭で理解していてもなかなか実感できるものではありません。しかし私はこれまでの体験でそれを自然に受け入れることができていたのです。実際、なんとかなり、アフリカ縦断の旅を終えることができました。

アフリカ縦断を終え、自宅に帰って、父親に旅の内容を報告した時のことです。

「お前はお前の『マイ・ウェイ』を成し遂げたわけだ！」

父親はそう言って、生まれて初めて私のことを尊敬の念で見てくれました。それは、父が亡くなる一年前のことです。

私の父親は第二次世界大戦中にイギリス海軍兵として従軍しました。フランス周辺で父の軍艦は爆撃を受けたそうです。その時、大量の油を飲んでしまい、以来、父親は肺を患ってしまいました。ですが、父親にとってもっとも深刻だったのは、戦争による精神的なダメージでした。マストに引っかかっているものを取り払おうとしたら、それは爆撃で木端微塵になった兵士の臓物だったという話を聞かされたことがあります。そんな地獄の日々を過ごした私の父親世代が、まともな生活に戻れるわけがありません。

みな、戦争によって深い心の傷を負っています。大きな音が鳴るだけで、その場にしゃがみ込んでしまいます。ですから、健全な家族生活も、普通の人づきあいもできるわけがありません。心に残っているのは「戦争の恐怖」です。

そんな父親からのギフトはふたつあります。ひとつは「平和を願う強い想い」です。もうひとつは、自分に子供ができたなら、しっかりとコミュニケーションを行うということです。私の家族は今までも、そして今もとても円満です。

旅で得られたもの

十七歳の時に家を出てから、インドやアフガニスタン、アフリカなど、いろいろな国々や地域を旅して過ごしましたが、それらは私にとって非常に重要な学びの場でした。

私が旅から学んだことは、

「独りで行動するということ」

「何かを信じるということ」

でした。

別に特別な宗教でなくても、何かに対して信仰心を持つということを学んだのです。たとえ一文無しになっても、病気になっても、にっちもさっちも行かなくなっても、誰かが、何かが助けてくれる、ということを多くの旅から学んだのです。

「絶対になんとかなる。何があっても生きていける」という自信は、旅のなかで生まれました。そのことは、頭でわかっているだけでは、それは本物の自信ではありません。自分でそんなことはわかった気でいると、四十代になって同じ問題に必ずぶつかると思います。たとえば、将来への不安とか心配とか……。だから、多くの人たちが鬱病になってしまうのです。自分の魂を動かされるような探求の旅のなかで、私は身をもって実感したのです。これこそ、旅からのギフトだと思います。

私は旅のなかで、哲学書や宗教書を読みふけりました。バッグに入っていたのは、本とパイプとパスポートだけだったからです。もちろん、食えない日が続いたことも、寂しさや孤独感にとらわれたこともあります。しかし、それらをすべて克服していくのが旅というものの本質なのです。

言葉を換えれば、信仰のトレーニングといってもいいでしょう。「信じること」とはどういうことか。これは大学に行っても宗教家になっても、たぶん学べないことだと思います。毎日、自分自身が試されるということが、旅なのです。

死ぬための理由、そして日本へ

私のように生きるのは極端だと思います。私自身、クレージーな大冒険男だと思っています。極端なことをやらないと気がすまず、限界までいかないと、本当の自分になれないと思っているからでしょう。

私は、人というのは限界に立って初めて、自分が何者であるかがわかると思っています。そのためには、厳しい試練が課せられたり、極限まで追い詰められて、その最後のところで自分とは何かがわかってくるという、そんな生き方こそが本当の人生なのだと思っています。

たとえばこんな話があります。ローマで迫害されたキリスト教徒たちの話です。

紀元一世紀の頃、ある女性クリスチャンがローマ政府に捕らえられて、アリーナ（円形競技場）に連れてこられました。ローマ人たちは、彼女が拷問されるのを見物しに来ています。為政者は「もし、信仰を棄てたら助けてやる」と言って彼女を拷問にかけるわけです。

鉄製の椅子に彼女を縛りつけて、下から火で炙っていく。普通なら、「もうやだー、クリスチャンはやめるー」と叫ぶはずですが、彼女は信仰を棄てませんでした。そして、こう叫びました。「棄教するくらいなら死んだほうがいい」と。

私はこのエピソードを聞いた時、とても心を動かされました。なぜなら、彼女は本当の信仰を持っていたからです。さらに、死ぬための理由を確かに持っていたからです。

人は、生きるための理由はいくらでも見つけることができますが、死ぬための理由は持ち合わせていないのが普通です。自分はなんのために死んでいくのか。私が放浪の旅のなかで考えていたことは、おそらく、「死ぬための理由」だったのだと思います。

もちろん、無意識にでしたが、私が冒険や放浪を続けて、自分の限界を試していたことは、私の魂が本当に求めていたことは、死ぬための理由を探すことだったのだと思います。それは、極端な体験をしなければけっしてわかることはないのでしょう。

だからスコットランドに戻ってからも、大自然のなかで働くことを選択したのです。庭師やダイバーなどの肉体労働に精を出しました。しかし、そうやって働きながらも、私はまた旅に出たくなってしまいます。なにしろスコットランドは暗いし、つまらないし、鬱陶しいからです。私は心の中で、時には声を出して、「旅がしたい！」と叫んでいたのです。

そんな日々が続くなか、私にとっての転機が来たのは一九七四年のことです。私は二十一歳になっていました。ちょうど二十一歳の誕生日に、親戚の裕福な方からお金をたくさんもらうことになったのです。

その資金で日本に行こうと思い、旅支度を調えて日本への旅へと出発しました。ロンドンから飛行機でベイルートというレバノンの首都に行き、そこから陸地を旅してシリアのダマスカスに到着しました。さらに、ダマスカスからイランを経由してインドのカルカッタに渡り、そして、タイのバンコクに到着して、そこからエアサヤムという飛行機で、一九七四年九月の二十七日に、羽田の国際空港に到着しました。その時に私が持っていたお金はわずか一万円でした。それが日本での始まりだったのです。

第2章

憧れの国、日本での生活

所持金一万円で日本へ

一九七四年九月、私は友達とふたりで、片道航空券を手に羽田空港に降り立ちました。まだ、成田空港はできていませんでした。

私たちの格好はヒッピースタイルでした。憧れの日本に行くなら、黄色いダンガリーズ(ワークパンツ)に、下着は褌でした。所持金は一万円ぽっきりです。日本語はほとんどできませんでしたが、日本へ行けばなんとかなるというのが私たちの信条でしたから、まったく心配はしていませんでした。

ところが、私たちの前に立ちはだかったのは税関でした。「片道航空券しかない者は入国できない」と入国を拒否してきたのです。「なんで?」と思いましたが、税関の係官は頑として応じようともしません。まして、英語と日本語ですから、話はまったく通じません。

両者、押し問答の末、税関の係官はついに航空会社の人間を呼びつけました。私たちのことを税関では処理しきれないから、航空会社に押しつけたわけです。責任放棄です。しかし、私たちを押しつけられた航空会社の担当者も困りきった様子でした。

私は泰然自若としていましたが、友達のピーターはおろおろし始めました。彼は三年半、インドで瞑想ばっかりやっていたのに、いざという時、なんの役にも立たない男でした。私は「まったくしょうがない、でもなんとかしないといけない」と思いました。こういう時、想像力が豊かになることを知っていました。なぜなら、私には豊富な旅の経験があったからです。

私はパッと閃きました。話は単純で、税関の係官は片道切符ではなく、次の目的地までの切符が見たいのだと思ったのです。私は航空会社の責任者に言いました。

「今ここで切符作ってくださいよ。税関を通ったらすぐに返すから、損しないでしょ」

航空会社の担当者と責任者は、すぐに事情を理解してくれました。すぐに、即席のホノルル行きの切符を作り、二カ月のビザも発給してくれました。

そんなトラブルがあってから、私たちは空港の外に出てみて、非常に驚きました。それは、日本人のファッションセンスの高いことにびっくりしたのです。まったく予想外でした。私たちは、日本人は東洋的な服装で生活しているとばかり思い込んでいたからです。それなのに、男たちはスーツ着てるではありませんか。私たちの格好のほうがよほどズレていました。

しかし、東京は私たちの目的地ではありません。京都こそが最終目的地でした。当時のヒッピートラベラーの間では、カトマンズの次に来るポイントは京都だというのがもっぱらの噂だったのです。京都に行けば、禅寺もあるし、東洋の伝統文化もあります。いってみれば、京都は私たちにとっての聖地だったのです。

しかし、東京に着いた私ですが、所持金はわずか一万円でした。京都へ行く前の一週間は東京で過ごしました。とても安い宿に泊まって、毎日食べるのは立ち食いうどんとモーニングサービスです。

そんな生活をしながら、東京に有名なお寺がないか探しましたが、東京にはそんな有名な寺がないと思い、やはり、日本の文化の中心は京都ではないかと、強く思ったのです。ですから、一刻も早く私は京都へ行かなくてはと焦りました。

ヒッチハイクで知った日本人の優しさ

私の所持金は一万円に満たないものでしたので、東京から京都まで行くのは、ヒッチハイクに頼らざるを得ませんでした。

しかし私は、そのヒッチハイクで日本人の優しさを知ることになりました。得体のしれない一介の外国人放浪者に、身振り手振りのジェスチャーと、知る限りの英単語で懸命に私とコミュニケーションをはかってくれるトラックのドライバーは、途中のサービス・エリアで食事をご馳走してくれました。

この時、私は、見ず知らずの人間に、その時にできる最善のおもてなしをしてくれるのが日本人だと、最初の出会いで感じたわけです。アフリカ縦断、そして中東からアジアとあらゆる国でヒッチハイクを経験してきましたが、私はどの国や地域でよりも、途中の景色を楽しみながら、とても楽な気持ちで京都に入ることができました。

トラックのドライバーは、私を京都駅の近くにある東本願寺の前で下ろしてくれました。東本願寺は浄土真宗大谷派です。私が目指す「禅仏教」ではありませんでしたが、そこはとても精神的に落ち着く場所でした。

私はその門前に座りました。疲れていたのでしょうか、しらずしらずのうちに、その場で眠りについてしまい、一晩を過ごすことになりました。そして、目が覚めるとすでに朝になっていました。

目覚めた時、私はあることに気がつきました。その日は平日です。当然、通勤、通学のために多くの歩行者が足早に通り過ぎていく時間帯です。普通に考えれば、歩道の端とはいえ、寝ている私の存在は邪魔だったはずですが、誰もみな、眠りについている私を起こすことなく、むしろ気をつかって歩いてくれているのがわかったのです。これは、今まで私が経験したことがなかったカルチャーでした。

私は背伸びをして立ち上がり、堀川通りをまっすぐ北へ歩き、北大路通りを右へ向かいました。目指すは、大徳寺です。大徳寺へ向かう道中、私はこれからどうやって生活をしていくのかと、いろいろな不安と疑問が頭をよぎりましたが、禅仏教に没頭すれば、そんな些細な不安は吹っ飛んでしまうだろう、人生のすべての謎解きができる！　と思い直していました。お金や仕事、今夜の宿などはすべて二の次だと思っていたのです。

大徳寺は京都市の北に位置している、巨大な敷地を有する臨済宗のお寺でした。あのカンダハールでの衝撃的な出会い、かの鈴木大拙が禅を学んだ場所です。私にとっては憧れの地です。大徳寺に近づくにつれ、私の心はハラハラドキドキと高まりましたが、お腹はペコペコでした。

大徳寺での体験

せっかく大徳寺に到着したのに、建物の中にまた建物があり、どこに入ったらいいかわかりません。

「ここは普通のお寺じゃないぞ！」と思うのですが、空腹の私は目まいがしそうでした。確かに自分は憧れの地の中にいてワクワクしている！　今から本格的な禅を学ぶんだ！　という気持ちの高揚感がある一方で、じゃあ具体的にどうするつもりだ？　所持金もないじゃないか！　という不安の声が私にささやきかけてきます。

数十円の所持金では何も食べられません。私は空腹のためめまいがして、座り込んでしまいました。そこでまた、日本人の優しさに触れることになったのです。

京都に着いたのは九月に入っていましたが、九月の終わりとはいえ、残暑は非常に厳しいものがありました。強い日差しが空腹の私に容赦なく照りつけてきます。私は完全にバテてしまいました。

視界に入るのは京都の街並みで、街路樹や整備された道をボーッと見ていたら、頭に白い布を巻いた男性がゴミ箱の中に、何かしら食べ物を捨てていたのです。纏っていた青い衣類は、後に作務衣と知るわけですが、彼は僧侶なのか？　なんなのかわからなかったのですが、ビルの中に入っていきました。そこは精進料理のお店の裏口だったのです。

空腹の私は、捨てられたものが気になって仕方なかったのですが、その時はなぜか我慢したのです。そして一時間後、作務衣の男性がまた現れ、お弁当のようなものを捨てようとした時、私は言葉にならない声を出してしまったのです。彼は振り向いてくれました。ここからはサインランゲージでのコミュニケーションです。

私は自分の手でお腹がペコペコなんだというジェスチャーをしました。彼は右手で頭をポリポリかきながら、「よくわからない」という表情をしました。うーん残念、さすがにそううまくはいかないか……と思っていたら、五分後のことです。作務衣姿の彼は右手に三〜四個の弁当を持ちながら、こちらに近づいてくるではありませんか。

彼のサインは「これ食べなさい」という、実にシンプルなジェスチャーでした。差し出されたそのお弁当は、捨てるようなものではなく、新鮮な弁当でした。しかも、四つもくれたのです。野菜、果物……と、その色どりの見事さに見とれているうち、作務衣姿の男性はいつのまにか、その場から消えていました。


これが日本人から感じた二回目の優しさでした。夢にまで見た憧れの地で、お金も体力も尽き果ててしまった放浪外国人を見かねて、トラック野郎も作務衣姿の男性もご馳走をしてくれました。これは優しさ＝空腹を満たしてくれただけのことではありません。日本人の資質の問題でしょう。

日本人は優れた洞察力を備えていると同時に、瞬時に現実的で実用的な判断ができる民族だと、私はこのふたつの体験を通して感じ取りました。

京都に着いた翌日に得た職

東京からヒッチハイクで京都に着いた時、私のポケットの中には百円しかありませんでした。なけなしの全財産です。私はその百円で、私の友人が滞在しているという「Tani House」に電話をしました。「Tani House」は大徳寺の敷地内にある、日本スタイルのゲストハウスです。ただし、旅館やホテルとは違って食事はでません。素泊まりの宿泊所ですが、台所など炊事をする施設はついています。

私の友人の名前は、アンナ・スイルといいます。アンナは私と同じスコットランドのアバディーンという都市の出身者です。ちなみに、アバディーンは、エディンバフ、グラスゴーに次ぐスコットランド第三の都市です。

アンナはインドから日本に渡り、仏教の修行をして尼僧になった女性ですが、もうひとつ、別の顔を持っています。それは、日本にＮＬＰを紹介した、米国ＮＬＰ協会日韓統括ディレクター／NLP准教授／マスタートレーナーというものです。NLPとは、神経言語プログラミングのことで、心理学、言語学、サイバネティクス理論、システム論をもとに研究されたなかから生まれた実践的心理学のことです。

アンナは私たち（友人のピーターも）を大阪府枚方市にある「大阪イングリッシュ・ハウス」に紹介してくれました。「大阪イングリッシュ・ハウス」とは、日本人が外国人と一緒に生活するアパートメントです。そこで私たちは英語を教えるという条件で、すぐに雇ってもらえました。

つまり、京都へ到着した翌日には、私は大阪府の枚方市で住み込みの職を得たことになります。これで、食事と宿泊所は確保することができました。

私は大阪イングリッシュ・ハウスで数カ月過ごした後、英語教師としての新しい職を得て、京都の八瀬大原に移りました。

座禅の修行へ

私が一番惹かれたのは京都でしたが、大阪は商人の町で、私の肌に合いませんでした。京都の大徳寺には、英語の上手な老師がいました。小堀南嶺老師です。この人は英語で禅の講演をしていましたが、一目で素晴らしい人物だとわかりました。それで、定期的に座禅会に参禅するようになったのです。

周りには禅に興味を持って勉強しに来ている外国人がたくさんいました。アメリカ人が多かったけれど、学びに来ている外国人は二種類に分けることができました。ひとつは公案を好むタイプです。これは非常に知的なユダヤ人の友達に多いタイプでした。要するに、頭を使いたがる人たちです。

もうひとつは、曹洞宗を選ぶタイプです。これは、頭を使わない「只管打坐」に憧れる人たちでした。さすがに臨済宗と曹洞宗です。よくできていると思いました。

私はどちらのタイプにも属しませんでした。グループ活動はあまり好きではなかったからです。だから、自分の家で座禅をしました。毎朝五時に起きて二時間。隣の部屋にいたアメリカ人の友達と一緒に四十分の座禅と十分の経行《きんひん》を繰り返すのです。

経行とは、きわめてゆっくりと、まるで止まっているかのように静かに歩くことです。これは正式な参禅のやり方と変わりません。そうやって、精神世界の修行をしながら、昼は英会話の仕事に行っていました。

その当時、日本の芸術や文化にどっぷりつかっていたのは、私だけではありませんでした。たとえば、私の友達のなかには、能面を彫る天才的なアイルランド人がいました。彼の生活ぶりはハンパではありませんでした。京都北部の花背という村で能面の先生について、毎日何時間も徹底的に能面彫りを習っていました。茅葺の家に住み込み、日本人にも負けないほどの腕前を持っていました。いわゆるガイジンの東洋趣味の領域を超えていました。本気で日本の伝統文化を学ぼうという志がなければ、彼のような行動はとても無理です。

また、毎朝5時間座禅するニューヨーク出身のボクサーもいました。彼はニューヨークに戻った時に、本物の豆腐づくりを行っていました。日本のデザインと仏教を研究していた友達は、その後チベットのラマ僧になりました。おそらく最も有名な外国人のラマ僧です。また、修道院で七年間修行したテキサスのお坊さんもいました。墨絵に没頭している人もいましたし、英語と日本語の両方で俳句を作るユダヤ人の友達もいました。彼の漢字能力はケタ外れでした。多くの欧米人が「聖なる国、日本」を目指し、そこで学んでいたのです。

再びの世界放浪と運命の出会い

私はとても充実したカルチャーライフをおくっていましたが、半年くらい経つと、私の「旅病」がうずきだしてきました。

「うーん、京都もいいけど、ここにじっとしていられない。メキシコ、中南米、ボリビアが俺を呼んでる」という思いがこみ上げてきたのです。

こうなると、もう駄目でした。旅人は動いてないとストレスがたまります。一九七五年三月、私はついにバンクーバー経由で、サンフランシスコ、メキシコ、ボリビアへの旅に出たのです。再び、世界放浪の旅に出発したのでした。

旅ばかりしている男を、誰が止めることができるでしょうか。ヒッピーのなかには、永遠に旅し続ける者もいます。四十代、五十代になってもオン・ザ・ロードを繰り返している。彼らはいい意味で病気です。私はそんな彼らはたいしたものだし、素晴らしいと思います。

しかし、彼らには最大の弱点があります。それは、自己中心的な生き方に陥りやすいということです。下手をすると、きわめて自己中心的な人間になってしまいかねません。事実、そういうヒッピーを私は何人も見てきました。

翻って、私の場合はどうだったでしょうか。私の旅の目的や人生を一変させたのは、素敵なひとりの日本人女性でした。

私が彼女と出会った場所は、バンクーバーのアメリカ大使館でした。ビザ申請の列に並んでいたその女性を見た途端、目が吸い寄せられるように、私は惹かれていきました。勇気を振り絞って彼女に話しかけてみると、大阪出身だといいます。彼女はバークリー大学に入学するためにビザが必要で、ビザの発給を待っているとのことでした。その当時、アメリカ政府は、東洋人の女性が入国することを非常に警戒していました。不法滞在者になるのではないかと恐れていたのです。

そんな彼女に私はこう持ちかけました。

「じゃあ、サンフランシスコまで一緒に旅しませんか？」と。

彼女自身、十代から外国旅行をしてきた経験があり、物怖じしない性格でした。知的好奇心も高く、人生に対する取り組み方が私と一致していました。これは単なるロマンスじゃないと私は直観しました。

彼女とは一緒にクリシュナムルティの講演にも行きました。その時のことは、今でもよく覚えています。当時、クリシュナムルティは七十五歳でしたが、とてもきちんとした格好をして、イギリスの紳士のように舞台に立っていました。彼は、生涯にわたって、「自ら以外には権威を求めないことが、真実の探求の始まりだ」と言い続けた人でした。

講演の最後、「進歩と暴力の関係について知りたい」という質問に答えた彼の言葉は、今でも忘れられません。彼はこう言ったのです。

「progress（進歩）の語源は、たくさんの武器を持って敵の基地を攻撃するという意味なんですよ」

そう告げて、彼は舞台の袖に消えました。クリシュナムルティは、本物の先生だったと思います。

私とこの素敵な彼女とは、サンフランシスコまでのはずが、さらにメキシコまで一緒に行くことになりました。メキシコに入国した私ですが、荷物の多い女性とふたりで旅することに、私はストレスを感じ始めていました。彼女はメキシコの雰囲気が気に入らないと言い出しました。私は彼女に告げました。

「じゃ、別れましょう。私は独りで行く」

彼女はこう応えました。

「私はバークリーに再挑戦する」

これでまた、元の旅の形に戻ったわけです。私は南米、彼女はサンフランシスコの友達のアパートと、まったく逆方向に別れていきました。正直な話、この時は彼女と別れてかなりホッとしていたのは事実です。

しかし、やはり女性のパワーは侮れません。次第に、私の頭の中で「そろそろこんなこと続けなくてもいいんじゃない？　女性と暮らすほうがいいんじゃない？」という声が聞こえ始めました。旅の魅力が薄れてきていたことも事実ですが、そんな声が聞こえてきたらそれはもう彼女のもとへ行くしかありません。サンフランシスコのアパートで、彼女が私の悪口を言っていたところに、私は「ただいま」と言って、訪ねていきました。

それから三十九年間、私は妻ソニアと一緒に生活をしています。もし、彼女に出会わなかったら、おそらくずっとオン・ザ・ロードの生き方をしていたかもしれません。

京都での暮らしを満喫する外国人

一九七五年、私が妻と最初に暮らしたのは、京都北部の小さな村、八瀬大原でした。妻が勉強していた墨絵の先生の関係もありましたが、私にとっても八瀬大原は非常にロマンティックな場所でした。なぜなら、サリンジャーが禅の勉強をしている時に滞在したり、私が影響を受けたビート・ジェネレーションのアメリカの詩人のゲーリー・スナイダーが住んでいたり、外国人と縁がある場所だったからです。

八瀬大原は比叡山の麓に位置しています。スナイダーの詩のように、冬には山々が白くなり、梅雨の時期には河が氾濫するぐらいの雨が降るところです。四季がはっきりしている、そんな場所でした。千年以上続く風習を今も守り続けているひっそりとした村です。めったに観光客が来ないので、「隠里」といっても差し支えないと思います。

後で知ったことですが、この土地は、天皇家と深い関わり合いの歴史がありました。昭和天皇の葬儀の時、国際的に話題になったのは、八瀬の木こりが棺持ちをしなかった！というトピックでした。約六百五十年、三十三代にわたり天皇の葬儀にて、棺持ちの役目を担っていたのは、代々、八瀬の木こり（杣夫）でした。

ここの住民は「八瀬童子」と呼ばれ、昔から特別な役割を果たしていたのです。ウィキペディアに次のように記されています。

「八瀬童子（やせどうじ、やせのどうじ、はせどうじ）は山城国愛宕郡八瀬郷（現在の京都府京都市左京区八瀬）に住み、比叡山延暦寺の雑役や駕輿丁（輿を担ぐ役）を務めた村落共同体の人々を指す。室町時代以降は天皇の臨時の駕輿丁も務めた。伝説では最澄(伝教大師)が使役した鬼の子孫とされる。寺役に従事する者は結髪せず、長い髪を垂らしたいわゆる大童であり、履き物も草履をはいた子供のような姿であったため童子と呼ばれた」昔から天皇家との関わりを持ち、近年は禅を学ぶ外国人が住んだ場所。私は特別なチカラによってここに導かれたのではなかったのか、と思っています。

八瀬大原に移った時には、私は京都YMCAで英語教師として英語を教え、さらに、全日本航空（ANA）でもパイロットに英語を教えるという機会を得ていましたので、収入はかなり安定していました。英語を教える傍ら、アクセサリーも作成し、京都の小売店舗に卸してもいました。

ここで一年ほど過ごして、その後は京都市内、しかも左京区エリアで生活をすることになりました。そこは宮本武蔵の決闘で有名な一乗寺があったり、日本文化の匂いが充満していて、「あの武蔵がここで決闘したんか……自分は日本のカルチャーど真ん中にいるぞー」と興奮していました。近くには詩仙堂もあるし、比叡山もすぐ近くだし、市内中心部までは自転車で行けばいいという感じで、パリやニューヨークよりも、京都は豊かで洗練した文化都市だと感じていました。

京都での暮らしの最初の三年間は、下駄履きに着物姿で過ごしていました。それくらい日本の文化に没頭していたのです。「日本最高！」と思っていました。私の場合、何かに惚れ込んでしまうと徹底的に入り込んでいくわけです。

それは私だけではありませんでした。その当時、京都に定住していた外国人はビジネスマンではなくて、多くはアーティストでした。私は彼らと毎週のように、エキサイティングなパーティを行いました。友達の外国人は、誰もが真剣に勉強もしていましたが、その一方でよく遊びました。左京区の白川にある古い大きな家に住んでいた友達のところに集まっては、日本人論や日本論をディスカッション。がんがん酒も飲みました。みんなアーティストや禅の修行している坊さんたちです。日本人もいましたが、外国人のコミュニティでした。

酒を飲んで踊ったり、議論したかと思えば、山に駆け上がって滝の水を浴びてきたり、ある夜などは、崖の上で寸劇をしていた仲間が、突然舞台から落ちてしまったと大騒ぎになったこともありました。毎日が緊張と弛緩、興奮の連続で、それ自体が儀式とさえ感じられるほどだったのです。もう、なんでもありという感じで、実に楽しい日々をおくったものです。

私は禅の他に、弓道に熱中し、書道にも親しみました。弓道は非常に神秘的でした。こんなに奥の深いシンプルな訓練があるのかと驚きました。いくら練習しても上達することが困難で、なかなかマスターすることができないので、修行者たちはみんな謙虚でした。

最近、二十代くらいの若い男が、「自分はヨガのマスターだ」とか自慢げに言ってるのを聞いたことがありますが、「馬鹿じゃないの」と思います。二十代でマスターするなんて、ありえないでしょう。そういうことを言う今の日本の甘ったれ男には、吐きそうになります。彼らは何もわかっていません。

座禅に没頭する日々

私が過ごした京都は大変不思議な街でした。かつては天皇が住んでいた御所があり、その近くにプロテスタントの同志社大学があり、それを隔てる道路には、当然のことながら、最新の日本車が走っています。

京都の人は「着道楽」といわれるように、誰もがファッショナブルで、それに似合うモダンな建築が立ち並ぶ一方で、織田信長の最期の地となった本能寺や坂本龍馬の池田屋騒動で有名な池田屋が存在しています。

また、京都の中心を流れる鴨川は風情があり、そのほとりには、いくつもの洒落たカップルが寄り添っています。見るものすべてに伝統と現代が混在しています。最初は何これ？という戸惑いはありましたが、実はこの京都の姿こそ、日本の本質だったわけです。伝統と最新の文化や技術が共存しており、私の興味をますますかき立てたわけです。

私は関西で英語教師やアクセサリーの卸を行い、そして、後年には鍼と灸クリニックを開業していましたが、七十年代の私の中心テーマは座禅でした。

座禅はインドを起点として中国を経由し、日本で成熟した精神修行です。衝撃を受けたカンダハールでの鈴木大拙の読書体験が禅との出会いでしたが、異境の地で得た知識だけでは、禅について、どうしても自分にとって都合よい解釈をしていました。「臨済宗」の修行に入ってから、その禅が持つシンプルな教えとは裏腹に、大徳寺で学ぶことは大変複雑でした。難解なことばかり試される日々でした。

そんな時に私の目にとまった書物が『正法眼蔵』でした。十三世紀の天才的な禅師であり、もうひとつの禅宗である曹洞宗の開祖の道元禅師が著した名著です。読んでみると、道元禅師の教えはとてもシンプルでした。師のいう座禅とは、悟るために座禅を組むのではなく、悟っている状態を表現するために座禅を組むことでした。まさに逆転的発想です。私は、必死になって正法眼蔵の英訳本を勉強しました。

「只管打坐」

ただ座り、ただ呼吸し、ただ自分の思考プロセスを、ただひたすらに観察する行為のことです。日々テストするのでなく、ありのままの自分と向き合えばいいと解釈した私は、これならば、ひとりでも座禅を組むことができると思い、毎朝五時半になったら散歩して、六時から八時まで座禅を組むようになりました。座禅については、その精神性はもちろんのこと、そのポージングの意味にも気づいた時には、強く感動しました。

「結跏趺坐」

この言葉は非常に難しいですが、実に科学的です。脳にたどりつく血液が少なくなる姿勢といわれています。そして「肘は外に曲げず」です。身体を束縛するカタチの姿勢のなかでこそ、人間は一番自由になれるという境地を表した言葉です。私たちは、関節の可動域の限界を知ることで、身体を自由に操れることに気づかされるのです。可動域を超え、外に曲がった時にはタコになってしまうわけですから。

座禅を組むことで、その場や自分はとことん静寂の世界に包まれてしまいます。自分が飲み込むツバの音さえ邪魔になるほどです。両手の八本の指を重ね、親指を軽く接触させる。決して力を入れて押しつけたり、離れたりしないよう、一枚の紙をその間に維持させるぐらいの軽い感覚を保ちます。時間をはかるのは時計ではなく、お線香一本です。それが消えるまでには約四十分かかりますが、それが一度の座禅を行う時間の目安となります。

座禅を組んでいる時の呼吸は腹式呼吸で、一分間に三、もしくは四回呼吸をします。四十分の座禅を終えると、次は経行という修行に移ります。これは、ゆっくり部屋の中を周回することです。それが終わるとまた、座禅を組みます。そしてまた経行を行います。座禅と経行をそれぞれ繰り返し、トータル二時間十分でひとつの修行サイクルとなります。

曹洞禅宗は修行の場所を選り好みしません。だからこそ、自分の意志が大事になってきます。私が京都に滞在する間に、このような座禅を行っている外国人と出会いましたが、誰もが真剣に、真面目に修行に励み、その後、自分の目標を達成していきました。ある友人はボクシングのチャンピオンに、また、ある友人は有名なパン屋さんにと、日本の文化を一生懸命会得しようと努力した結果、自己実現に邁進していったのです。

その頃、私の隣にはアメリカ人で禅を修行している友人がいました。私の妻もその友人の妻も大阪人で、彼は臨済宗が大好きでした。その彼と毎朝一緒に、朝の六時から八時まで座禅を組むようになりました。彼の家は高野川のほとりに位置していた古い木造の民家でした。私たちは日本のことを日本人以上に大好きだと周囲から見られていました。ふだんは下駄を履いて、夏は浴衣を着ました。そして座禅を組む毎日です。

一九七〇年代は、外国人にとって、真剣に日本の文化を学ばなくてはならないという時代だったと思います。アイルランドの友人は能面を彫りながら、座禅を組んでいました。彼は京都で妻と3人の子供に囲まれて、茅葺屋根の民家で、五千円の家賃を払いながら、たまに英会話を教えて給料をもらいながら、完全に独立して生活していました。

その頃の日本人は、私たち欧米人から見ると自分たちの素晴らしさを惜しげもなく捨てているように見えました。伝統的な古民家があっても、日本人は住みたがりません。伝統的な古民家を大切にするどころか、壊して立て直そうとしていました。家具にしても、調度品にしても、何百年も使われ続けてきたものを簡単に捨ててしまう。私たちにはそんなことをするなんて、とても信じられない思いでした。

「なんで、こんなもったいないことするの？　日本人はアホになったんと違うか？」

私たちは仲間内でそう言っていました。古いものの価値をまったく認めずに、デパートに行って馬鹿らしい外国のイミテーションを買って満足し、それでかっこいいと思っている。コンクリートのマンションに住んで、新しい電気製品をたくさん買って、アメリカ人みたいに生活することがかっこいいと信じ込んでいるんだとね。

その当時、古い家に住みたがるのは外国人しかいませんでした。そこで、私たちはいいアイデアを思いつきました。毎月一回、粗大ゴミの日に、朝六時から京都中をトラックで回るわけです。市内にはセンスのよいアンティーク家具などがいたるところに捨てられていました。私たちにとってはまるで宝の山でした。それらを集めて、古い家を改造しては運び込んだのです。それで茅葺の古民家を生き返らせたりもしました。

これは、東洋人は西洋を真似し、西洋人の私たちは東洋のよさを追求するということなんだと思います。ある意味では自然の流れでしょう。スコットランド生まれの私が着物に下駄履きの生活をするようになって、ようやく逆にケルトの文化のよさにも気づくようになったのですから。私自身、告白すると、スコットランドではキルトを履いたことがありませんでした。東と西、まったく違う文化にどっぷりつかることによって、自分の文化の宝に気づくわけです。だから私は、移動すること、旅することを勧めているわけです。

まあ、七十年代の私たちは、日本人からみたら相当騒々しい外国人だったかもしれません。しかし、あの時代に共通して流れていたのは、ヒッピー文化でした。

家族が増え、父親になった

来日から三年後の一九七七年、家族が増えました。女の子が生まれたのです。父親にほとんど愛されたことがない私が、親になったわけです。私は、子供に対してつい厳しくなりがちでしたが、妻は私とは正反対で、徹底的に子供を甘えさせ、守ろうとしました。これは日本女性の特質かもしれません。

明治時代に日本を訪れた欧米人は日本人が子供をかわいがる姿を見て感銘を受けたそうです。明治十年に来日したモースは「世界中で日本ほど子供が親切に取り扱われ、子供のために深い注意がはらわれる国はない」と感嘆し、日本は「子供の楽園」であると言っています。

その後に訪れた多くの欧米人も同じようなことを言っています。

赤ん坊のうちから厳しく躾が行われる欧米に比べると、日本人の子育ては新鮮に感じるのでしょう。子供をかわいがる心、これは日本人の特質として昔から備わっていたものかもしれません。

そうして、妻の子供に対する愛情の注ぎ方を受け入れていくことで、私のバランスは回復していったのです。つまり、極端に違う者同士が互いに力を合わせていくことで、バランスが取れていくということなのです。

もっとも、私自身も「人を助けること」はヒッピーたちから学んでいたし、人を助けるのは当たり前のことだと思っていました。私は、妻の負担を軽くするために、週に一回はおむつも替えるなどして、子供の世話を引き受ける時間を作りました。それに、私の基本にはケルトの精神がありました。みんな兄弟姉妹だし、家族のためなら上下の差別なく、自分から率先して助ける精神です。仲間をとても大切にします。

実際、イングランドからスコットランドに行くと、会う人が非常にフレンドリーでリラックスできるという人が多いわけです。ある人は、「肩こりが治る」と言いました。それくらい、スコットランドは上下関係のない精神風土なのです。

本当にやりたいことを求めて……

子供が生まれた頃、私は日々の生活に疑問を感じ始めていました。外国人コミュニティは楽しかったけれども、生活するための仕事に不満を覚えていたのです。

私は、複数の大学で英会話と英文学の講義をし、全日空のパイロットに特殊な英会話を教え、他にも様々な会社に招かれて、社長クラスの人物に英会話を教えていました。結構ハードな日々を過ごしていました。とても幸運だったのは、当時、日本に滞在する外国人が少なかったことです。英会話の仕事なら、いくらでもありました。私は二十代でしたが、大企業の部長クラスの給料をもらっていました。

しかし、英会話を教えることが、果たして自分の人生の目的なのか？　生活のために金は必要だが、それにしても他に仕事はないのだろうか……。弓道をやり、座禅を組み、書道の面白さを発見していきながらも、私はもっと別の何かを求めていました。

「本当にやりたいことが、他にもあるんじゃないか？」

ある日、英語の毎日新聞を眺めていた時に、大阪にある東洋医学の学校の広告が目に止まりました。外国人が鍼灸師になるための講座を開いているという記事でした。

「これだ！　決めた」

明治東洋医学院専門学校。私はすぐに入学手続きをとり、国家資格を取って、鍼灸師になることにしたのです。人体の筋肉の名前に夢中になっていた子供の頃から、医者になることは夢でしたし、東洋医学の世界観は非常に魅力的に写ったのでした。

経済的には、妻の両親が全面的にサポートしてくれました。妻もまた、十六歳からデンマークに留学し、オン・ザ・ロードの生活を経験していたから、ヒッピー精神をわかる女性でしたし、私がお金にこだわらない人間だから、現実的にちゃんとサポートしなければならないと考えたのだと思います。

一九七八年から本格的に鍼灸師へのステップが始まりました。毎日五十ずつ当用漢字を覚え、その他に医学の専門用語も覚えなければなりませんでした。それまでは、日本語は多少できるといっても、国家試験を通過するための勉強は並大抵のものではありませんでした。猛烈に勉強しなければ国家試験にはとても受かりません。スコットランドの大学に入るより、十倍以上もキツイ勉強でした。英語教師の仕事をしながらの勉強でしたから、ほとんど修行と同じです。

ところが、せっかく入学した学校の勉強ですが、私が期待していた内容とはかなりかけ離れていました。どんな理由かはわかりませんが、西洋医学の世界観を通して、鍼灸や東洋医学を語っているものでした。

東洋医学の本来の基本は陰陽五行です。気の力です。しかし、私が入学した学校では、神経医学や病理学、生理学、解剖学など、ほとんど西洋医学の知識であり、脳神経説だったのです。十三科目のなかで、東洋医学はたったの一科目でした。

「なんだ、これは。まったくズレてる。東洋医学じゃない！」

厳しい勉強をしてやっと入学した学校の勉強が東洋医学ではなく、西洋医学中心だったことに、私は非常に落胆してしまいました。それはそうでしょう、陰陽五行説も気の話もまったく出てこないのですから。

そんな学校の勉強に不満を抱いたのは私だけではありませんでした。同じようにその学校に入学していた外国人も、「ここでは本物の東洋医学は学べない」と不満タラタラでした。

その当時、東洋医学が世界的に注目されたのは、アメリカにおいてでした。ニクソン大統領が鍼を打って体調がよくなったことなどが報道されて、アメリカでは従来の西洋医学に行き詰まった人たちが、鍼灸に光明を見出していました。そういう意味では、東洋医学は最先端の医療でしたが、東洋医学の元祖である日本がもっとも遅れていました。

アメリカの鍼学校に通っている友達に話を聞くと、最初から気を習い、陰陽五行説を学び、太極拳をやり、診察の基本である「四診」を実践するというのです。四診とは、望診、聞診、問診、切診の四種類のことです。自分たちが習っている勉強とはまったく違っていました。望診は微細な感覚で患者さんの顔色を見ること。聞診は声の性質を聞きとること。問診は病状を聞くこと。そして、切診は脈診や腹診など、実際に体に触れることです。これが東洋医学の基本です。西洋医学のように器具を必要としません。すべて体感で診断するわけです。

ここで勉強していても、四診は学べないし、最終的に国家資格を取ったとしても、絶対治療なんかできない。マニュアルは学べるかもしれないが、ちゃんとした東洋医学の先生について技を盗みながら学ばないと駄目だと思いました。その道の真髄を学ぶには、師に弟子入りするしかありません。そう確信した私はその学校へ通いながら、師匠となる、四診を教えてくれる先生を探しました。

そこで見つけたのが、井村宏次先生でした。気の第一人者といわれるスピリチュアルな人です。彼は脈診が得意でした。私はウィークエンドになると井村先生の治療所に行って、無料で手伝いながら、師の技を学ぼうとしました。しかし、井村先生はフルタイムでの治療を行っていませんでした。ですから、私は井村先生からは十分に学べないと思って、さらに、伝統的な東洋医学を実践している先生を探しました。

私は、フルタイムで診療している先生のもとで、本格的な鍼灸師としての技を身につけようという強い決意を持っていました。

私が求めていた名医は大阪の心斎橋にいました。御井葆先生です。この先生に出会ったことで、私の鍼灸師としての道すじが固まったのです。御井葆先生は世界的にも名が知られていて、故福田赳夫総理大臣をはじめ、大本教の幹部の往診に行ったり、デービッド・ボウイも診療に来たりと、患者さんには超有名人が多くいました。この達人のもとで私は七番目の弟子になったのでした。

彼の治療所では、毎朝六時に壁を洗って、スタッフ全員でお祈りするところから始まります。そして、弟子たちは先生の診療や治療の手伝いをしながら、次第に学んでいくわけです。先生は、一日百人以上の患者を診ていました。ですから、弟子として彼のそばにいるだけで、鍼灸師とはどういうものか知ることができました。しかし、言葉で教えてくれたりはしません。まさに、昔の日本の徒弟制度がそこにはありました。「見て、聞いて、盗む」ということです。

心斎橋の治療所に通いながら、達人の技を盗むという、師と弟子の素晴らしい関係がそこにはありました。実は私が求めていたのは、昔のそういう日本人でした。

私と同年代の日本人とはなかなか話が合いませんでした。彼らは自分たちの文化に対してまったく興味を抱いていず、陰陽五行の話をしても、「ふーん」と聞き流されるか、「何それ？聞いたことない」というので、まったく会話が成立しませんでした。私はそれもショックでした。日本人が東洋医学の世界をまったく無視しているのです。私の中に同年代の日本人男性に対する疑問が生まれたのは、こうしたことがきっかけでした。

御井先生のところでは、何がヒーリングということか、病を治すとはどういうことかを徹底的に学ぶことができました。先生を見ながら、伝統的な東洋医学の診察方法を学ぶことができました。私が治療家になれたのは、先生のおかげといっても過言ではありません。

鍼灸クリニックを開業

そして私は学校を卒業して、国家資格を取り、京都の岩倉に自分の小さなクリニックを開業しました。一九八一年のことです。私にとっては待ちに待った待望のクリニックです。

洛北の三宅八幡宮の近くで、たんぼに囲まれた静かな場所でした。三宅八幡宮といえば、きわめて古い神社で有名です。私はそういう場所が好きなんです。

私は、鍼灸の世界の中でも、とくに気の世界に魅了されていました。目に見えないエネルギーの世界です。その当時、気のエネルギーなど誰も注目していませんでしたが、私はそこには間違いなく何かのエネルギーがあると考えていました。自宅も、クリニックのすぐ近くに、古くていい雰囲気の一軒家を借りました。

クリニックを開業してから、自分のクリニックでの診療を週三回、御井先生のところに通うのが週三回、その他の時間は大学や企業で英会話も教えるという生活がスタートしました。朝七時から夜中まで働きました。子供も二人になっていましたので、働かなくてはいけなかったのです。日本に来てから七年目のことでした。

やがて私は、京都から神戸の中心部に居を移転して、あらたに「シンビオシス鍼灸治療院」というクリニックを開設しました。そして私の日常は一気に忙しくなりました。神戸のインターナショナルスクールに勤める教師たちが、続々と患者としてやってくるようになったからです。私の子供たちが通っていた学校でしたので、クチコミであっという間に私のクリニックのことが先生の間に広まったのが原因でした。

また、とくにアメリカ人にとっては、鍼灸や気は最先端医療だという意識を持ってましたし、日本の病院の評判がきわめて悪かったこともあり、彼らは最初から鍼灸治療を選択して、私のクリニックに通ってきたわけです。

日本人の患者さんもいましたが、日本人は鍼灸治療に関する意識は非常に低く、「鍼灸は肩こりを治すもの」という程度でした。外国人が思っている鍼治療とは逆で、普通の病院で診てもらい続けた挙句に行き詰まった人が、最後に頼ってくるのが鍼灸・東洋医学の世界だという意識でした。

ですから、かなり重篤な状態の患者さんばかりでした。そんな日本人の患者さんには、ここが悪いから薬出しましょうというような簡単な治療という訳にいきませんでした。

日本病という外国人の病

一方、外国人の病気といえば、一言でいえば、「日本病」ということだと私は思います。今でこそ、外国人が歩いていても、バスに乗ってきても、誰も変な目で見たりしませんが、その当時は外国人だというだけで、きわめて強いストレスを感じざるを得ませんでした。日本人が無意識に行っている、透明な排除の視線です。外国人は常にその視線にさらされ続けるわけですから、そのストレスは相当なもので、いくら日本が好きな外国人でも、年一回、自分の国に帰らなければ心身がおかしくなってしまうというような状態でした。

日本にいるからこそ生じる病気。それが「日本病」だったのです。症状としては、原因不明の頭痛、生理不順、不妊症、不眠症などです。日本人の読者のみなさんには、今ひとつわかりにくいかもしれませんが、私自身の体験を話してみましょう。来日して三カ月目の一九七四年のある夜のことでした。大阪の枚方での出来事です。

友達のピーターと一緒に、その当時、二十二歳の私は屋台のおでんを食べることにしました。屋台のおでんは、日本文化の匂いがして、いい感じだと思っていました。そのおでん屋台にはすでに先客がひとりいて、酒を飲んでいました。私たちはその隣に座って、おでんを注文し、英語で話し始めました。

私は片言の日本語で話すのが好きでしたが、ピーターはまったく日本語ができません。しばらくすると、その先客がすさまじい形相でこちらを睨みつけてきました。しかし、彼がなぜそのような形相をするのか、私には理解できませんでした。私たちは彼の視線を無視して話し続けていると、その男がドスの効いた声でこう言ったのです。

「なんや、日本語でしゃべれや！　ここは日本じゃ。英語話したかったら帰れや。えっ？　なんか文句あるんか、こらっ」と。

私は彼が何を言っているのかわかりませんでしたが、ヤバイ雰囲気になってることだけはすぐに理解できました。ピーターはというともう完全にフリーズしています。屋台の店主は何も口を挟んできません。他にもお客さんがいましたが、誰も何も言おうとしません。このままだと絶対に喧嘩になると直観した私は、彼に酒を一本おごって、必死になだめました。「別に不愉快な思いをさせようとしたんじゃないです。日本嫌いなわけじゃないです。友達は英語しかしゃべれないんです。すいません。すいません」と。

私の真意を理解したのでしょう、彼はだんだん機嫌を直して、最後には「何か困ったことがあったら、言うてこいや。電話せえよ」と言って、私たちを解放してくれました。後でわかったことですが、彼はヤクザだったのです。

しかし、私はこれは絶対におかしいと思いました。屋台でおしゃべりしてるだけで、なぜこのような目にあわなければいけないのでしょうか。インドでもアフリカでもアフガニスタンでもメキシコでも、私はこのような体験をしたことはありませんでした。私はこの時、日本は好きでしたが、なんて心の狭い国だろうと感じました。

みなさんは、ヤクザだからそういう振る舞いに及んだのと思うでしょうが、それはまったく見当違いです。私はその後も、妻と歩いていた時に、見ず知らずの人から「毛唐《けとう》！」と吐き捨てるように言われたことがありますし、喫茶店に入っていくと、一瞬で店の空気がフリーズするのを感じたこともありました。非常に微細なレベルなのですが、「ガイジンが来た」とささやき合っているわけです。

そのようなケースは銀行においても体験したことがありました。銀行の入口から窓口係の女性のところまで、約十メートル歩く間に、行内にはピーンと緊張が走り、私がカウンターに近づくにつれて、奥のほうにいる銀行マンまでフリーズしていくのがわかりました。「以心伝心」なのでしょうか、英語で話しかけられたらどうしようという恐れがあったのだと思います。そしてそれは、無意識の排除なのだと思います。

神戸のクリニックで治療家として非常にたくさんの白人女性を診てきましたが、みんな目に見えないストレスに耐えかねてやってくるわけです。多くの白人女性は、日本の男社会のなかで働いていましたので、無意識に「ガイジン排除」の波にさらされていたわけです。特定の誰かが悪いわけではありません。

現在から見れば、外国人に対して日本人の意識はずいぶん開かれましたが、一九七〇年代には、日本の悪ガキに「ガイジンだ、アメリカ人だ」と指差されたこともありました。私はめちゃめちゃ頭にきましたので、その子供の母親に説教したこともありました。

「あなたは全然しつけしていないでしょ！　失礼ですよ！　なんでそうやって子供と笑ってるんですか！　いい加減にしぃ！」と。

放火事件

岩倉の鍼灸クリニックも順調にいっていた一九八四年の冬のことです。

私は、伊丹空港での全日空のパイロットに対する英語のトレーニングを終えてから、自宅に帰るためにバスに乗り込みました。料金を払ってお釣りを受け取ると、不思議なことに、運転手は米国のコインで釣銭を渡してきました。私はこの時点で、おかしいと気づくべきでした。しかし、とても疲れていたので、その夜はとにかく早く自宅に戻って眠りたかったのです。

私が乗ったそのバスが衝突事故を起こしたのは、それからしばらくしてからでした。大事故ではなかったのですが、私は別のバスに乗り換えて自宅まで戻りました。夜更けでしたし、身体はくたくたで、重い波動に包まれていました。

自宅の二階の寝室には、妻と七歳の長女をはじめ、三歳の長男、そして一歳の次男がいました。とくに次男坊は、その夜なかなか寝つけませんでした。妻も、その頃、変な夢を見ると訴えていました。私は眠ろうとしない次男に少し苛々しながら、うとうとしていました。

夜中の一時半頃でしょうか、玄関のチャイムが一回鳴りましたが、起きる気力がありませんでした。しばらくすると、堅い木が折れるような音がしました。そして、異様な匂いがしてきたのは、まもなくのことでした。時計を見ると、午前二時を指していました。私は飛び起きて、一階に通じるドアを開けたところ、猛烈な白煙と熱気で一階はもう火の海で、階段も炎が舐め始めていました。

「早く逃げて！」

妻と娘にそう叫び、私は小さな男の子二人を両脇に抱えて、一階の庇に出ました。妻と娘は雨どいを伝って庭に出ていました。隣の家はまだ明かりが灯っていたので、大声で助けを求め、消防車を呼ぶように頼みました。

背後から炎が噴き出し始めていたので、右隣の家にも救助を求めました。その家のご主人が出てきたので、彼に向けて長男と次男を一人ずつ投げ落としました。ご主人はしっかりと受け止めてくれました。

私が家から離れた時には、すでに猛火に包まれていて、近所の人たちも集まり始めていました。自家用車が停めてあったガレージの屋根は、焼け落ちる寸前でしたが、このままにしておくと車のガソリンに引火して爆発すると思い、私はとっさに車に乗り込み、安全なところに避難させました。

私たち家族は焼け落ちる自宅を呆然と眺めていました。家族は寝巻き姿で、私は腹巻にパッチで、凍てついた空の下に固まっていました。

ようやく消防車が到着し、鎮火作業が始まりましたが、残ったのは黒い灰だけでした。炎が消えても、焦げ臭い異様な匂いが、生々しく立ち込めていました。日本に来て築きあげてきた生活のすべてが、家族の大切なものが、この夜、すべて失われたわけです。ちょうど、一年の気が変わる節分の夜のことでした。

当時、外国人の住む住居が放火される事件が、立て続けに発生していました。消防署の調べで後日わかったことですが、放火に間違いないだろうということでした。出火場所は、一階のソファ付近で、何者か、外国人を恨む者の犯行でした。誰かが私の家に入り込んでいたのです。おそらく日本人だったと思います。

コミュニティの力に感激！

しかし、寒空に立ちすくむ私たち家族を助けてくれたのは、数え切れないほどのご近所さんたちでした。深夜にもかかわらず、毛布や布団や着る物、食べ物を風呂敷に包んで、次々に持ってきてくれたのです。顔を知っている人も、知らない人も、みんなで力を貸してくれました。

時計はもう午前三時を回っていましたが、本当に嬉しかったです。日本人の助け合いって、こんなにすごいのか……と、私は心から日本のコミュニティの力に感激していました。

翌日からはもっとすごいことが起こりました。弓道場の仲間や友達、知り合いの日本人から、現金の入った封筒が続々と届いたのです。弓道の先生は、「日本人は親切やろ？」と冗談めかして、弟子たちから集めたお金を渡してくれました。

このような事故は外国でもありますが、こんなに迅速にサポートすることはありえません。

これが日本人の姿だと、あらためて驚きました。相手のニーズを基本的なレベルですぐにキャッチする――お金、食べ物、着る物。すごいセンスだと思いました。

これがカナダだったら、国が補償するだろうとか、福祉システムで助ければとか、そういう発想になるでしょう。しかし、日本のコミュニティは、腹巻とパッチ姿の私を見て、すぐに着る物を持ってきてくれるわけです。

しかし、私は大家さんに申し訳ない気持ちで一杯でした。私が外国人だったから、狙われたのであり、私が住んでいたこと自体に、間接的だけれど責任があると思いました。失火ではないが、私を信頼して家を貸してくれていたわけですから、私は九州でお医者さんをやっている大家さんにお詫びに行きました。

「保険をかけていなかったとお聞きしています。私が住んでいたばっかりに、本当にお詫びもしようがありません。お金もないので、申し訳ありません」

私は手をついて謝りました。しかし、先生は手を振ってこう言いました。

「いや、もうあなたの責任じゃないんだから。もういいから、頭をあげて」

この先生の心の広さ、寛容さに、私は胸を打たれました。これが海外だったら、いくらその人のミスでなくても、謝ったくらいで許されることはありません。賠償しろとか、補償はどうするんだとか、裁判になるのが普通です。

こういう日本人の心が、まさにキリストそのものなんだと思います。

今や本当の寛容さ、助け合いというのは日本人しかできないのではないかと思います。しかしながら、おそらく放火したのも日本人の仕業です。この二面性——親しさと排除。象徴的な出来事でした。

週七日猛烈に働く

放火事件があってから一年余り。ちょうど神戸のクリニックの時代は、エイズが世界的な話題となっていました。その頃、私は満員電車にもかかわらず、隣に誰一人座ろうとしないという異常な事態を経験しました。ホント、こんなことが続いたら、誰でも「日本病」になってしまいます。

しかし、私は日本を去る一九八九年までの間に、一度しか日本を離れませんでした。離れることができなかったというのが正しい。とにかく、生活していかなければならなかったからです。

私は若くて働き盛りだったとはいえ、モーレツ社員みたいなハードスケジュールをこなしていました。日本語も上達していましたから、外国人だとわかると、みんないろんな相談をしてきました。日本人同士では言えない悩みを打ち明けてくるわけです。親の事情や子供の悩み、夫がわかってくれない等々。そんな患者さんに対して、私はいつもオープンに接していました。あるおばあちゃんの患者さんは、私が英語で電話してるのを聞いて、本気で驚いたものでした。

「先生、ガイジンだったの？！」

「そら、おばあちゃん、僕ガイジンやで。そんなに驚かんといて」

髭をたくわえたジョン・クレイグ（当時の私の名前）先生は、結構人気だったのです。

その頃は、朝七時から仕事に出かけ、鍼灸師として治療しては、合間を縫って大学の英語講師や企業の英会話の教師を掛け持ちし、またクリニックで治療するというそんな生活が続いていました。当時のサラリーマンの平均月給は三十万円くらいでしたが、私は月に百万円くらいを稼いでいました。三人の子供をインターナショナル・スクールに通わせるためには、週七日、働かないと駄目でした。働いて得たお金のうち、三十五万円を養育費にあて、他に治療室の賃貸料と生活費で、貯金はあまりできませんでしたが、すごく働いて、順調に儲かっていたのは事実でした。

結局、鍼灸学校に通いだしてから十二年、私は一生懸命に鍼灸の道に励んだということはいえます。私が診た患者数は数千人をくだらないと思います。

「病は気から」を実感

その結果、鍼灸師としてわかってきたことがあります。それは、「病は気から」ということです。このずいぶん使い古された比喩を持ち出すようですが、実際に数千人もの身体に触れることによって、私が実感してきたことなのです。

「心の持ち方で人は病気になる」

これはもう間違いありません。鍼灸師として御井先生から学んだことも、結局、鍼や灸といったいわゆる治療行為は二次的な手段にすぎないということでした。鍼や灸が人を治すのではなく、コミュニケーションが人を治すということです。御井先生が口を酸っぱくして言っていたのは、「鍼より口が大事」ということでした。

その人の病気を治すには、上手に話を聞き出しながら、その病気の要因となった「心の持ち方」をあらためてもらうのが一番いい方法なのです。そうしなければ、鍼をいくら身体に打ったとしてもあまり効果はありません。つまり、病気とは何か、病気が治るとはどういうことかを、もっと真剣に考える必要があるのだと思います。

私はそういうことから、鍼灸師として治療をするだけでなく、その人の話を聞くためのカウンセリングに時間をさくことが多かったように思います。多くの患者さんはいろいろな悩みを持っていました。

「日本人のビジネスパートナーとうまくいかない」

「日本社会に溶け込めない」等々。

ある時には、泊まる場所がなくて、切羽詰っている外国人のために、引越しまで手伝ったこともあります。患者さんが困っていたら放っておけないわけで、お助けマンという存在でもあったわけです。

だから、自宅に帰るのはいつも夜中の十一時頃で、もう自宅に着く頃には身体はへろへろでした。毎日晩酌をしました。一本の熱燗を飲んで倒れるように眠りにつくという毎日で、お酒を飲まないとやっていけない毎日でした。

その当時、妻はよく私に言っていました。

「あなたのエネルギー真っ黒」と。

妻は私のそうした日常の姿に、かなり疑問を感じていたようです。それは無理もないことです。私は毎晩、晩酌しながら、テレビで『水戸黄門』や『男はつらいよ』にはまっていたのですから。

私の師匠である御井先生は、「どのようにして邪気がたまらないようにするのか、それが大事だ」と、よく口にしていました。先生の場合は、大本教に則った神道的な結界の張り方をしていましたが、私の場合は、酒の気で邪気を清めるしか方法が見つかりませんでした。

それはまるで、神社の御神酒をいただくのと同じことで、酔っ払うために飲むわけではありませんでした。

鍼灸への疑問

そのうちに、鍼灸師として私は大きな壁にぶつかるようになりました。それは、一度治ったはずの患者さんが、また同じ症状を訴えてくるようになったのです。つまり、病が治らないのではなくて、みんな治そうとしていないのだとわかってきました。

患者さんが心の持ち方を変えなければ、私がいくらアドバイスしたところでまったく意味をなしません。患者さんが回転していればクリニックは繁盛しますが、私の本来の仕事は、患者がクリニックに来ないようにすることです。

大昔の中国の鍼灸師は、患者に心の持ち方の「処方箋」を出して、それに従ってもなおその患者の病気が治らなかったら、医者が患者に金を払わなくてはならないという仕組みでした。病気になったのは医師の責任だから賠償しなさい、ということです。これはいってみれば、完全な予防医学の観点が入っているすごいシステムだと思います。

ところが、現在の鍼灸クリニックのシステムはまるで正反対のシステムとなっています。患者は鍼灸師に自分の問題を投影し続け、鍼灸師も患者の問題を受け続けて、お互いに依存し合い、甘えの構造を作り出しています。

私が師と仰ぐ御井先生の治療所もそうでした。先生は名医でしたが、患者さんのなかには昭和三十年から通院している方もいました。これは治療ではなく、商売です。先生はきわめて患者さんに尽くす素晴らしい先生ですが、その患者さんたちは根治しないで、ずっと通院してくるというのは、いったいどういう依存関係なのかと疑問に思ってしまいます。

私は鍼灸治療に大きな疑問を抱くようになっていました。そして、十二年間、鍼灸の道を勉強して気づいたことは、「人は人を治すことはできない。病気は人に治してもらうものではない。自分の意識が病気を作り、病気を治すのだ。だからこそ、依存心がある限り、病気は治らない」ということです。

相手に負担をかけずに、いかに治すことができるか。人に頼らずに清める。自分のことは自分で修める。つまり、「修道」ということが大事だということです。意識と病気の問題、そして意識とは何かということを考えていった結果、私はシャーマニズムの世界に接近し始めたのです。それは、鍼灸師としての限界に気づいたからでもありました。

今流行の「スピリチュアリズム」もニューエイジもみんな、依存心ばかりです。先生とか導師とか、崇め奉ってその人の言うことを鵜呑みにするだけで、自分では少しも考えていません。ただ先生といわれる人たちに頼っているだけです。それは、スピリチュアルでもなんでもありません。幼稚で、子供というだけです。

孤独であることは寂しいことでもなんでもありません。独立していることは、強く自由であるということです。スコットランドで育まれているケルトの精神も、日本の武士の精神も、独立個人のはずです。日本の今の男性は奥さんや母親に無意識に頼りきっています。母親と娘や息子の関係もそうですし、会社にも依存しているのではないでしょうか。「自分は違う」

とはっきりいえる男性は少ないと思います。意外に、ごく普通の中年の女性のほうが、自分の人生を独立個人で生きているのではないでしょうか。

私が出会った日本人たち

結局、私は一九八九年に日本を去ってカナダに移住するまで約十五年間を日本で過ごすことになったのですが、その間、様々な人たちに出会いました。そのなかからとくに印象に残っている出会いを紹介したいと思います。

私が日本に初めてやってきた時に出会った日本人は、私が想像していたとおりの人たちでした。いってみれば、明治の日本人ということでしょうか。私がアフガニスタンのカンダハールで読んだ鈴木大拙の本に描かれていたような、日本人といってもいいでしょうか。

「弓道の場で」

禅の老師もそうですし、弓道の修行で会った師匠たちもそうです。

たとえば、私が魅せられた弓道の先生は八十八歳の方でしたが、彼の弓道への取り組みや姿勢には大きな感銘を受けました。

彼のように、八十年間も同じ「道」に巳を捧げている人は、西洋でもそうはいません。それは大変素晴らしいことだと思っています。ひとつの「道」を追究していくという姿勢に、日本人のルーツを見るような思いでした。

私が日本にやってきた七十年代にはそんな日本人がまだいたのです。もちろん、その老師だけでなく、弓道や禅の道に励んでいる人たちも多くいて、そんな人たちに接することができたことは、私にとって大きな財産になったといってもいいと思います。

［旅館で］

世界中を歩いた私だから断言できる日本人の特徴があります。

相対的にみて、日本は世界一、お年寄りが元気な国です。とってもパワフルです。私は今、関西に住んでいますので、東京での活動の時はホテル住まいになります。ホテルや旅館の宴会場はいつも大にぎわいです。

たとえば、ある夜、私の泊まっている旅館の宴会場で、七十六歳のお年寄りの同窓会が行われていました。みな元気いっぱいです。会場のあちらこちらで賑やかな笑い声があがっています。口を開けて大笑いしている方も少なくありません。その宴会が終わって、各自、部屋に戻っても、まだ大騒ぎをしています。まるで中学生の修学旅行のようでした。

私が驚いたのは、翌朝六時には、もうお年寄りのみなさんが部屋で大騒ぎをしていたことです。睡眠時間はみなさん五時間ぐらいでしょうか。こんなに笑って、こんなに元気なお年寄りが大勢いるのは、日本だけです。

西洋人は、高齢者になると人生の黄昏時を迎え、ただ「その日」を待つだけですから、当然、元気はありません。ですから、この日本人のお年寄りパワーこそが、外国人には「日本の究極の財産」に見えるのです。

でも、私はふとイメージします。今の若い人たちが歳を重ねた時、このお年寄りたちのように「大笑い」ができるのだろうかと。時間と情報の怒涛のアクションに負けてしまっている次世代は、今のお年寄りのようなタフネスを保ち続けることができるとはとうてい思えないのです。この世代交代の時期が、日本の限界の時だと想定すれば、もうそれは近い将来にやってくる現実だろうと思います。

[新幹線の車内で]

お年寄りに限らず、世界中の人たちと比べると相対的に日本人は元気です。以前私が住んでいたカナダは、人々は健康には気をつかっていますが、元気かといえば疑問符がつきます。私は、日本人の元気ややる気、そして何よりも根気とモノゴトを継続するエネルギーの強さには敬服をしています。それらは、日本人の自意識にはないといえるぐらい、自然に備わっています。そして、その源は「よく笑う」ところにあるのではないかと感じています。

笑いには、大笑いだけでなく、微笑みもあります。日本に来た当初は、日本人の笑顔を信用することができませんでした。知らない人に笑顔を見せるってどういうこと？　無理して作り笑いをしているのではないかと疑ったわけです。

でも、新幹線に乗った時に気づかされました。車内販売の女性が乗客の誰に対しても笑顔を振るまっている姿が、なんと素晴らしいことだろう思いました。

海外では、車内販売の人たちにはこのような笑顔はまず見られません。一分でも早く仕事を終わらせたいという気持ちが、その表情や振る舞いに出てしまうからです。ある意味、それは当然のことだと思います。なにしろ、ずっと立ちっぱなしのハードな仕事なのですから。でも、日本人は違います。車内販売の女性は常に相手を気遣い、笑顔も自然なかたちで乗客に振りまいています。

私は思いました。日本人には笑顔という強みがあると。これには本当に感心しました。

［立ち食いうどん屋で］

菜食主義者の私は、食事に執着めいたものはありませんが、日本のファストフードである立ち食いうどんは、とっても美味しいです。そんなうどん屋での光景で、深く心に刻まれた

「あること」をお話しします。

私が入ったうどん屋さんで働いているのは、八十歳になろうかというお婆さんと四十代のおじさんでした。お昼時でしたので、お客さんは入れかわり立ちかわりやってきては、うどんを注文して食べていくわけですが、このふたりの店員さんは、その忙しさにイライラすることもなく、また過剰にテンションをあげることもなく、無駄のない動きで実に円滑にお客さまのためにがんばっているのです。ひょっとしたら仕事に対して不平不満もあるかもしれませんが、それを表に出すようなことは絶対にしないで、まるで優雅にダンスを踊っているかのように仕事をしているのです。

私はこのふたりの姿に感銘を受けました。ふたりの関係性に「聖なる」ものを見たのです。海外では絶対見ることができないパフォーマンスです。海外では、忙しくなればなるほど、店員さんが悪態をつくばかりです。ふだんから、忙しくなると店員さんはそんな態度をとるものだと思っていますので、特に気にすることもありませんでした。

ところが、日本で見たその光景には、厳かなものを感じたわけです。私はうどんを食べ終わり、器の返却の場を尋ねたら、おふたりはすごく喜んでくれたのです。決して高級レストランではない場所であっても、この「感じのよさ」を体験できるのは、日本だけなのです。

このように、日本人が特に気にもしないような部分においてこそ、日本人のスペシャリティが宿っているのです。

また、ビルのトイレに入った時でした。お掃除のおばさんが作業中でしたが、トイレの便器や床など、隅々まで一生懸命綺麗にしていました。それも、ただ綺麗にすればいいというわけではなく、人の目が行き届かないところほど、より丁寧に一生懸命綺麗にしていました。働くことにおいて、このような精神性を持つのが日本人なのです。

クリスチャンでもないし、強い信仰を持ってもいないのに、どこか俯瞰の眼差しを意識しているかのように、「独り」の時にこそ日本人は気を緩めません。

このような日本人の意識やカルチャーの高さを教育で獲得しようと欧米人はプランニング

します。諸外国の多くの大企業で、莫大な予算を投下して日本人の精神文化を社内教育システムに取り込んでみようとしたのですが、結局、「日本人が持つ高い意識」を社員に植えつけることはできませんでした。うどん屋のお婆ちゃん養成学校は失敗に終わったのです。

それは当然です。日本人のこのような意識やカルチャーは、とてつもなく長い歴史を経て醸成されてきたものであり、日本という国に息づく生命体が持つ遺伝子なのですから。

［仕事の面接の場で］

西洋の人たちは、モノゴトを判断する時には、「Ｙｅｓ」か「Ｎｏ」のどちらか一方で判断しがちです。しかし、私が出会った日本人は違っていました。

ある時、私は英語の先生を求めているというので、ある小都市の学校へ面接に出かけていきました。応対に出てきた担当者は、少しも仕事の話をしないで、私を車に乗せて街中を案内してくれるではありませんか。そして、いろいろ街の特徴を説明しながら、さらに、お腹がすいているだろうと言って、食事にも誘ってくれました。

私はいつ仕事の話をするのだろうと、ひたすら彼から仕事の話が出るのを待っていました。ところが、いつまで経っても仕事の話はいっさい出ません。面接の時間は三時間に限られていましたが、面接時間が過ぎようとしていても、彼からはまったく仕事のしの字も出てきません。そうこうするうちに、面接は終了し、彼は私にご苦労さんでしたと言って、ささっと学校へ戻っていくではありませんか。

私は不思議に思いましたが、後で考えてみると、彼は街中を案内している時も、食事をしている時も、いろいろな会話から私の人間性を見ていたのだと思いました。

結果的には、私は採用されませんでしたが、不思議と、「この野郎！」といった怒りの気持ちはまったくわき上がりませんでした。「ああ、縁がなかったのだな」という、あきらめに似た気持ちを抱くにいたっただけで、それも後味はすっきりしたものでした。

これが西洋になるとそうはいきません。「早く仕事の話をしろ」とか、「なぜ不採用なの」と文句を言ったりするでしょう。シロクロをはっきりつけろという人もいるでしょう。しかし、その担当者は、終始、曖昧な態度で接することによって、相手に威圧感を与えず、リラックスさせて、その人の人間性を確かめようとしたのだと思います。そのために、私は気持ちよく、面接の時間を過ごしたわけです。

そこで思ったのは、日本人が持つ曖昧さの魅力です。これは西洋人にはない資質です。つまり、曖昧さというのは、対立を生まないということです。日本人の曖昧さはよく非難の対象とされますが、私は日本人の資質として大切にしてほしいと感じています。

京都は私の第二のふるさと

私は日本に十五年間住んでいましたが、その間、京都で禅の修行をしながら、弓道も習いました。座禅とは違った「道」の思想を学ぶためでした。別名は「立禅」です。

しかし、禅にしろ、弓道にしろ、「道」を学ぶには時間がかかります。また、禅や弓道のことを知りたいと思うなら、実践的に修行をしなければなりません。さらに、京都という場所が私にとって、その場に私自身を留まらせるだけのパワーを秘めていました。なにしろ、日本の文化の中心地でもあったわけですから、それゆえ京都に国際会議場もできたわけです。

結局、私は来日してから京都を中心に関西圏に留まって、禅や弓道の修行に励みながら、十五年間という長きにわたって日本で過ごしたわけです。あれほど、世界中を旅してきた私が、ひとつのところに留まってしまう、いや、留まらせてしまう魅力が京都や日本文化にはあったといってもいいでしょう。

日本での生活は非常にエキサイティングで、日本文化の神髄を学ぶことができたことは、後の私の生き方に大きな影響をもたらすことになりました。そういう意味においては、私にとって日本、ことに京都は第二のふるさとといってもいいかと思います。

第3章

日本文化と日本人の精神性

日本で学んだ欧米人

古代から中国や朝鮮から外国人が日本にやってきていますが、欧米から多くの外国人がやってきたのは、幕末から明治時代になってからです。明治時代になると政府によって多くの欧米人が招かれ、彼らは日本の各地を周ったり、一カ所に留まって西洋の知識や技術を日本に伝えながら、その一方で日本の文化を会得していました。

そして時代は下り、一九七〇年代にはヒッピー・ムーブメントの影響もあり、私と同じように日本の文化を体験、あるいはその知恵や技術、知識を求めて多くの外国人がインド経由で日本にやってきました。現在、日本にやってくる外国人の大半はビジネスや観光目的だと思いますが、七十年代は純粋に日本の文化を会得するために来日していたのです。

ここでは私と同じように、一九七〇年代に日本の京都にやってきた外国人をはじめ、日本で学んだ外国人を紹介したいと思います。

［ゲーリー・スナイダーとJ・D・サリンジャー］

私が一九七〇年代に一時期、居を構えた京都の八瀬大原に導かれた先輩に、ビート・ジェネレーションの偉大なる詩人、ゲーリー・スナイダーがいます。

スナイダーは、『オン・ザ・ロード』で有名なジャック・ケルアックにもっとも影響を与えた友人のひとりで、ケルアックの『禅ヒッピー』のモデルとされています。彼こそ欧米白人社会に禅文化を広く紹介した人物のひとりです。鈴木大拙とも交流があり、日本のみならず中国の詩を学び、翻訳、詩作を通して欧米に積極的に日本の文化を紹介してきた人物です。

ちなみに後で知ったことですが、スナイダーの息子はカイ君といい、偶然にも私の息子と同じ名前でした。スナイダーも鈴木大拙の著作に衝撃を受け、憧れの京都を訪れ、大徳寺の門をくぐりました。そして八瀬大原に住んだのです。私にとっては嬉しいシンクロです。

その聖なる八瀬大原には、あの『ライ麦畑でつかまえて』の著者であるJ・D・サリンジャーも訪れていたという話を耳にしたことがあります。ただ、彼の伝記や白伝を読んでも、その証拠となる記述は見つかりません。
　そもそも彼は、そのプライベートをいっさい明らかにしない人生を過ごしましたから、そうしたプライベートの部分が見当たらないのは当然のことでしょう。サリンジャーが八瀬大原を訪れたというのはデマなのかもしれませんが、それがデマだとしても、彼の作品に色濃く反映されている「禅の思想」から想像するに、サリンジャーがお忍びで京都や八瀬大原を訪ねていたとしても、なんら不思議なことではありません。

［ジェフ・ミラー（ラマ僧）］

　私の友人であるスイルと一緒に一九七〇年代にインドを経由して日本にやってきたひとりにジェフ・ミラーがいます。彼はインドでインド哲学を学び、日本では仏教を学ぶために来日しました。しかし、彼は仏教よりもチベット仏教に惹かれていき、日本で仏教を学んだ後、フランスで七年間、チベット仏教の修行をしてラマ僧となり、今ではアメリカでチベット仏教の普及に努めています。

チベット仏教の外国人解説者としては三本の指に入る著名人で、チベット仏教をわかりやすく解説した書籍を何冊も出版しています。ラマ僧としての名前は、ラマ・スリアダスといいます。インターネットで検索すれば、彼の活動内容や人となりが紹介されています。

［マイケル・ホフマン（画家、彫刻家）］

墨絵の南画の第一人者である直原玉青画伯に師事し、墨絵から修行を始めた画家です。直原画伯から直接、絵の指導を受けて、今では著名な画家として京都を拠点に活躍しています。

彼は米国カリフォルニア州オークランドの生まれで、カリフォルニア大学で東洋史を専攻しました。幼い頃、親戚が東京におり、まんざら日本と縁がなかったわけではありません。大学生の時に、柴山全慶元臨済宗南禅寺派管長の講演を聞き、禅に感銘を受けました。

一九七二年に来日してすぐに、日本南画院会長の直原画伯に水墨画を学んだわけです。彼は水墨画についてこう言っています。

「水墨画はシンプルでベイシック。動物や植物、宇宙のエネルギーを受け止めて、墨と水で描くのはとてもナチュラルなことです」

京都は非常に住みやすい街だといい、鴨川も東山も大好きで、西陣から大徳寺辺りをよく散歩するそうです。今でも座禅を組んでいて、彼が禅の修行を始めた時に玄琢のお寺の住職に言われた言葉が今でも印象に残っていると言います。

「来日する外国人の多くが禅についてロマンチックなイメージを持っている。霧に包まれた神秘的な山を見るように。しかし、禅の修行の実体は固い岩山である」

［デービッド・クビアック（ジャーナリスト）］

彼は環境活動家であり、ジャーナリストです。彼の奥さんであるキャシー・ソコルもジャーナリストで、ふたりとも内外の著名な人たちにインタビューを行っているインタビュアーでもあります。彼は京都を拠点に、インターネットが発達途上にあった九十年代、「バーチャルメイヤー」であることを宣言し、日本に本当のデモクラシーを広める活動を行っていました。なかでも、京都の吉田山を中心に、文化的に著名な方たちを招いてのイベントやセミナーを実施していました。

とくに私の記憶に残っているのは、『物理学のタオ』というベストセラーで有名な物理学者のフリッツオフ・カプラを招いてのイベントです。東洋と西洋の文化を融合した、とても印象的なイベントでした。また、ジョン・C・リリー博士が来日してセミナーを行ったのも、デービッド・クビアックの招きによるものです。

［ジェシー・ホートン（武道家）］

オクスフォード大学を卒業したジェシー・ホートンは、本当の武術を身につけるために、来日し、著名な武道家の弟子として、修行を始めました。彼が師と仰いだ先生は、入門者の身体を見て、どの武術を修行したらいいのかを振り分けて、指導にあたっていました。ジェシーは最初は太極拳から入り、次に、空手を学び、さらには、真剣による修行へと進んでいきました。

彼らの修行は毎晩十時頃から始まり、練習は深夜に及びます。時には、朝の四時まで練習することもあります。ジェシーは大学の講師をしながら、毎晩、師匠のもとで武道の修行に励みました。そして、練習の最後には鎧を身につけて、相手と真剣で渡り合うのです。

私はある時、武徳殿で行われた彼らのデモンストレーションを拝見する機会を得ました。まず最初は、弟子のなかでも入門してまだ日が浅い弟子たちによる、唐竹切りのデモンストレーションから始まりました。彼らが真剣で切るのは三本の竹です。そして、修行者のレベルが上がるに従って、竹を五本、七本、十本と増やしていきます。

最後の師匠が登場して、唐竹割りを行うのですが、見ると七十代の小柄な老人です。私は本当にこの老人が十数本以上の唐竹を切ることができるのだろうかと、疑問に思いました。

ところがその老人は真剣で一刀のもとに唐竹をすぱっと見事に切り割ったのです。私は大変驚きました。

私はその師匠である老人に対談を申し込みました。そして、いろいろなことについて師匠と話をしたのですが、彼は非常に深い哲学的な知恵の持ち主で、人間的に素晴らしい人物でした。武道についての技術はもちろん、東洋医学や哲学に、なかでも「正義」とは何かについて話し合った時に、私は彼のなかに古来の日本人の姿を見ることができました。私はスコットランド人ですが、彼とは西洋と東洋の垣根を越えて、深いコミュニケーションを図ることができます。

現代でこのように深いコミュニケーションをとれる人はなかなかいるものではありません。ですから、ジェシーも師匠の技術だけでなく、彼の哲学的なところにも惹かれて、毎晩、修行に励むことができたのではないかと思います。

［ベニシア・スタンリー・スミス（ハーブ研究家）］

私が知っている外国人のなかではもっとも著名な外国人ですが、一九七〇年代、私は一緒にインドから日本にやってきました。ハーブ研究者で英会話学校経営者です。曽祖父の兄はイギリスの外相やインド副王（インド総督）だった大物政治家のジョージ・カーゾン侯爵であり、祖父リチャード・ナサニエル・カーゾンはスカーズデール子爵でした。

ベニシアはインドで有名なグルであるマハラジのもとで修行を積み、日本へはインドの瞑想法を広めることを目的として来日しました。そして、八瀬大原に移り住み、民家を購入して、ハーブ栽培を始めました。さらに、栽培したハーブの利用法などを書籍として出版して、ベストセラーとなりました。

ベニシアのすごいところは、もともとアイルランドの貴族の出身でしたが、その貴族というバックグラウンドを捨てて、丸裸になってインドで修行をし、日本に来日したことです。つまり、高貴な身分には何ひとつの価値も持たず、むしろそうした身分を捨てて、ひとりの人間としての生き方を選んだことです。

そして、ベニシアには二人の娘さんがいるのですが、そのうちのひとりは現代でいうところの鬱病状態ですが、そのことを包み隠さず公表し、同じような子供を持つ日本の父兄に勇気と共感を与えています。二〇一三年の九月には、ベニシアを主人公にしたドキュメンタリー映画が公開されています。

この他、私の友人で元ボクサーはニューヨークで自然豆腐の工場を操業して、大成功を収めています。彼は日本で座禅の修行に打ち込み、仕事をする前に、毎朝五時から座禅を組んでいました。今はどうしているか、コミュニケーションがないのでわかりませんが。また、能面の魅力に惹かれて能面作家の道を歩んでいったボブ、薙刀の修行に明け暮れていた、私と同じスコットランド出身のゴードンなど、一九七〇年代以降、多くの外国人が日本の文化を学ぶために来日していたことは事実です。

また、以下の方々は私の友人ではないのですが、日本の文化を学び、海外に広く知られた人たちを数名、紹介してみたいと思います。

［レジナルド・ホーラス・ブライス（俳句文学者）］

イギリスはイングランドのエセックスで生まれたブライスは、学習院大学の教授を務め、第二次世界大戦後、日本の俳句や川柳など短詩文学を海外に広めた学者として知られています。一九二五年、ブライスは日韓併合時の朝鮮に赴き、滞在中に日本語と中国語を学習します。さらに、妙心寺京城別院禅師の崋山大義について禅の修行を行います。一九三五年、妻と離婚したブライスは一九三七年、日本人の来島富子と再婚。日本の石川県金沢に居を構え、第四高等学校（現・金沢大学）で英語の教官となります。

一九四六年、ブライスは学習院大学英文科の教授に就任し、当時の皇太子に英語を教えています。一九四九年にブライスは著作『俳句Haiku』を出版し、欧米に日本の俳句が紹介される嚆矢となりました。ブライスは、禅や俳句、川柳など、日本文学や東洋文学に関する著作をたくさん発表し、多くの欧米人に影響を与えました。たとえば、ビート・ジェネレーションを代表する作家のひとりであるジャック・ケルアックやゲーリー・スナイダー、アレン・ギンズバーグ、J・D・サリンジャーなどのサンフランシスコ・ルネッサンス詩人やビート・ジェネレーションの作家たちです。

また、鈴木大拙と深い交流を持ち、現在は鈴木大拙と同じ鎌倉の東慶寺の墓所に眠っています。

［バジル・ホール・チェンバレン（日本研究家）］

十九世紀後半から二十世紀初頭のもっとも著名な日本研究家のひとりとして知られています。また、チェンバレンは俳句を最初に英訳した人としても知られています。日本に関する著作として著名なものは、『Things Japanese』や『口語日本語ハンドブック』『The Classical

Poetry of the Japanese（日本人の古典詩歌）』などがありますし、『古事記』も英訳しています。また、アイヌや琉球の研究家としても著名です。彼の功績は、明治時代に能のことを英訳し、欧米に紹介したことにあります。

チェンバレンはイギリスの港町であるポーツマスで誕生しました。彼は、私と同じスコットランドの旧家の出身で、父親は海軍少将です。彼の母親は、彼が幼い頃になくなっており、彼を育てたのはフランスにいた祖母です。彼はいったんイギリスのベアリング銀行に勤務しますが、途中、病気を患い長期療養を強いられます。彼は健康を回復するために船旅に出ますが、船旅は長期にわたり、一八七三年、彼は横浜に到着します。

日本に着いてから海軍の兵学寮（後の海軍兵学校）で英語を教えながら、一八八八年には東京帝国大学の教授に就任します。そして、言語学や日本語学を担当します。彼の門下生には国文学者の佐々木信綱や岡倉天心の弟で英語学者の岡倉由三郎らがいます。

チェンバレンが能に感心を持ったのは、旧浜松藩士の荒木蕃《しげる》の家庭教師になったことがきっかけでした。荒木に連れられて能を見に行ったり、『古今和歌集』の存在を教えてもらったりしながら、徐々に彼は謡曲の世界や、そこに展開される和歌の世界に魅せられて、女流歌人である橘東世子を紹介されるにいたって、和歌や能の研究に没頭するようになります。

彼の能や和歌の研究は『The Classical Poetry of the Japanese（日本人の古典詩歌）』に集約されていますが、この本がロンドンで出版され、欧米に日本の能や和歌が初めて紹介されることになりました。彼はこの他、謡曲の「羽衣」「殺生石」などを、さらに、狂言の「骨皮」「座禅」などを翻訳しています。

［リチャード・エマート（武蔵野大学教授）］

エマート教授はアメリカ・オハイオ州生まれで、一九七〇年代に来日しました。彼は、二年あまりでアメリカに帰国する予定でしたが、能を習い始めてすっかり能の魅力にとりつかれ、以来四十年、能をあらゆる側面から研究し、現在、武蔵野大学文学部日本文化学科の教授として教鞭をとっています。彼は文学部の教授として、アジア演劇や邦楽を教えながら、能のワークショップである「Noh Training Project」などに携わり、多くの外国人に能を教えています。さらに、演劇集団「シアター能楽」を率い、芸術監督として外国人による能を上演したり、英語能にも取り組んでいます。

私の心の原点である、『オン・ザ・ロード』で知られるビート・ジェネレーション世代も間違いなく東洋文化、なかでも禅の影響を非常に受けていることは間違いありません。このように、多くの外国人が日本の文化に興味を抱き、学んでいます。

現代の日本人があまり見向きもしない古典芸能や伝統文化などに魅力を見いだし、それを会得したいと思っている外国人は多くいるのです。もう何十年も経てば、日本文科の継承者は外国人になっているという可能性はなきにしもあらずではないかと、思っています。

世界によい影響を与える国

長い歴史を持つ日本文化は海外の国々や人たちに多くの影響を与えています。どんな日本文化や日本人が海外諸国に影響を与えてきたか、あるいは与えているかを少しだけお話ししたいと思います。

イギリスの国営放送ＢＢＣが毎年行っている恒例の世論調査があります。これは、国際社会に影響を及ぼす十六カ国と欧州連合について、それぞれの国への評価を各国に聞いたものです。その二〇一二年の世論調査によりますと、「世界によい影響を与えている国」の第一位に日本が選ばれているのです。二万四千九十人からの回答結果を発表したものですが、これを見ても日本は海外ではかなり評価されていることがわかります。二〇一三年は四位でしたが、日本は毎年上位にランキングされています。

この結果を聞いて日本のみなさんは意外に思うかもしれません。しかしこれが世界の日本人に対する認識なのです。

そういえば最近、海外では食文化のひとつとして和食が流行っていて、二〇一三年には世界遺産にも登録されました。また、漫画やアニメ、ゲームなどはアジア諸国だけでなく、世界の若者たちの人気を博しています。文化の面だけでなく、家電や車など多くの技術品が世界中で信頼され、たくさんの人に使われています。

日本人は昔から自分自身の持っている価値を自分であまり認めようとしないところがあります。手土産を渡す際などに「つまらないものですが……」なんて言ったりもしますね。これは「謙虚」という美徳でもあるのですが、自身の価値に気づいていないということもあります。私は、もう少し自分に、そして日本人や日本文化というものに自信を持ってもいいのではないかと思うのです。

日本の文化や技術は世界でたくさんの人に愛されています。長い歴史や文化の蓄積があってこそ、現在に通じる文化をつくり、それが世界に伝わっていくのでしょう。

鈴木大拙の影響

さて、ここであらためて鈴木大拙の話をしたいと思います。私が日本に来るきっかけとなった、私の人生でも重要な人物のひとりです。彼と出会わなければ今の私は存在しないといっても過言ではありません。日本の禅文化を代表する仏教学者（文学博士）の鈴木大拙は、日本でよりも海外で高い評価を得ているようです。彼の著作に触れて禅や仏教、日本という国に興味を抱いた外国人はたくさんいます。

鈴木大拙は本名を貞太郎といい、一八七〇年十月に石川県金沢市で医者の家に生を得ました。幼少の頃に父親を亡くし、母親も鈴木大拙が二十歳の時に死去しました。それを機会に、二十歳の時に上京して早稲田大学に学び、のちに東大の哲学科に進み、そこで鎌倉円覚寺の臨済宗の僧侶である今北洪川や釈宗演のもとで禅の修行を始めます。ちなみに、中学の同級生には哲学者の西田幾多郎がいます。一八九三年、アメリカ・シカゴで開かれた万国宗教会議に釈宗演が出席する時に同行し、通訳を務めています。

その時に知り合ったアメリカの哲学者で宗教研究家であるポール・ケーラスの著書『仏陀の福音』を和訳しています。そして、一八九七年、ポール・ケーラスの招きを受けて渡米し、アメリカ・イリノイ州にある東洋思想の出版社で働くことになります。

鈴木大拙はアメリカに通算で約十一年間滞在し、その間、『老子道徳経』などの英訳や、『禅と日本文化』などの英文の著作を出版、あるいは欧州で開催された世界宗教会議などにも出席して講演し、積極的に東洋の宗教を世界に紹介しています。彼が日本に帰国したのは、一九〇九年になってからです。

帰国してから二年後の一九一一年、釈宗演のもとをしばしば訪れて禅の研究をしていた神智学徒のアメリカ人女性のベアトリス・レーンと結婚。彼女は東洋思想を西欧世界に翻訳することを志していました。さらに、一九二一年には大谷大学の教授に就任します。

大谷大学の教授に就任してから、鈴木大拙は英文季刊誌『イースタン・ブディスト』を創刊し、以降、二十年間にわたってレーン夫人とともに禅や仏教の研究出版を続けます。さらに、一九三六年になると文部省から英国に派遣されて、オックスフォード大学やケンブリッジ大学などで禅の講義を行っています。彼の研究が国際的な広がりをみせるきっかけになったわけです。

鈴木大拙の禅や仏教の研究の特徴は、伝統的な仏教の教義や戒律を完全に否定し、「何ものにも囚われない精神的な自由」「即非の論理」を禅の本質としているところです。鈴木大拙は「私は私でない。故に私なのだ」「私が私であるのは、私が否定されて初めてわかる」と主張し、そのことを「即非の論理」と名づけたのです。

一九四五年、第二次世界大戦、太平洋戦争が終結しますが、その年、空前の禅ブーム、東洋思想ブームが巻き起こりました。そのため、禅や仏教の研究で国際的に活躍していた鈴木大拙は一躍、脚光を浴びることになりました。鈴木大拙は生涯、百冊の書籍を出版しています。主なものには、『日本的霊性』『禅と日本文化』などがあります。また、著書の二十三冊は英文で出版しています。

空前の禅や仏教ブームにのって、鈴木大拙は世界中から講演依頼を受けて、各地で禅や仏教の講演をしています。一九五〇年からはニューヨークに移住し、全米各地の大学で禅や仏教の講義をしてまわります。そのため、アメリカでは禅ブームが巻き起こり、アメリカの思想や宗教、芸術などに大きな影響を与えます。鈴木大拙は一九五〇年から八年間をニューヨークで過ごした後、帰国しています。

一九六〇年、鈴木大拙が九十歳になった時、さらに、一九六四年、九十四歳になった時にインド政府に招かれてインドに赴き、禅や仏教の講義を行っています。東洋の思想を欧米に普及するための活動は、年を取っても衰えることはありませんでした。

鈴木大拙は一九六六年七月、九十五歳の生涯を閉じました。最期の言葉は、「ウッドユー・ライク・サムシング?」と問われて、「ノー・ナッシング・サンキュー」というものでした。

鈴木大拙はビート・ジェネレーションやビートルズ、果ては、アップルの共同創業者で最高経営責任者（ＣＥＯ）であったスティーブ・ジョブズにも影響を与えています。曹洞宗の知野（乙川）弘文僧侶は、一九七五年、サンフランシスコから車で南に一時間行ったところにあるロスアルトスで、ジョブズに禅を教えています。また、曹洞宗の僧侶で知野僧侶のもとで活動していたレス・ケイ僧侶は、ジョブズから「働くってなんですか？」「精神性と、競争社会でのビジネスは両立できるのか」と問われたことを覚えているといいます。当時、ジョブズはひげに長髪のヒッピー姿で穴だらけのジーンズをはいていました。この若き青年は「ビジネスの世界に入れば人間性を失う」と悩んでいたそうです。そして、ジョブズは禅の教えを受けた翌年の一九七六年、アップル社を創業しています。きっと禅の修行を通して自身の悩みを解決したのでしょう。

ところで、米国では以前にも増して、禅がブームとなっています。なかでもビジネス社会では禅を取り入れている企業が増えています。とくに、ＩＴ産業ではグーグルやヤフーなどの大手企業が禅や仏教の瞑想講座を設けています。他の宗教のこともあって、禅や仏教を前面に打ち出してはいませんが、「マインドフルネス」という名称で、社員の自由参加による瞑想講座を導入しているのです。アメリカの仏教は十九世紀、中国や日本などアジア諸国から移民を受けると同時に、日本の仏教や禅、チベット仏教などがもたらされたといわれています。日本と比べると仏教の歴史はものすごく新しいですが、二〇〇八年の全米における仏教徒の数は、全米宗教調査によると、百十九万人にのぼっているそうです。一九九〇年に比べると約三倍の数となっています。

アメリカでは企業だけでなく、一般社会でも禅ブームが起きており、瞑想によって心の安らぎを求めているのかもしれません。そういう意味では、鈴木大拙の活動は全米に大きな影響をもたらしていることになります。

鈴木大拙は海外に禅と日本を知らしめました。しかし、残念なことに今の日本ではあまり読まれていないようです。日本人は海外のスピリチュアルに目を向ける前に、まずは日本の偉大な先人に目を向けるべきではないでしょうか。

日本の芸術の影響

日本の芸術が海外に大きな影響を与えたものとしてよく知られているのは、浮世絵です。斬新な構図や線画が、フランスの印象派の画家に大きな影響を与えました。たとえば、マネ、モネ、ルノワール、ゴッホ、ゴーギャンなどほとんどの画家に深い影響を与えています。これがきっかけとなって、幕末から明治にかけて日本の美術がヨーロッパ文化に影響を与えた「ジャポニズム」ブームが起ります。これは一九二〇年頃まで続いたといわれています。

画家だけではありません。音楽家のドビュッシーは葛飾北斎の「神奈川沖浪裏」に魅せられ、交響詩「海」を作曲したそうです。

さらに、『美のジャポニズム』（三井秀樹著・文藝春秋）には、日本の美術が浮世絵の次に影響を与えたのは、「アールヌーヴォー」だと綴られています。なかでも、もっとも影響を受けたのはガラス工芸家のエミール・ガレで、昆虫や草花など自然をモチーフにした作品が特徴です。ガレは、一八八五年からナンシー水利森林学校に留学していた農商務省官僚で森林研究者であり、美術、なかでも水墨画に造詣の深かった高島得三から日本画の手ほどきを受け、そこから日本画に興味を抱き、日本画が持つ自然の動植物をモチーフに取り入れたといわれています。

また、ティファニーやマイセン、ロイヤルコペンハーゲンなどの陶磁器メーカーもジャポニズムの影響を受けています。なかでもティファニーは文房具メーカーでしたが、宝飾品や陶磁器を扱うことによって企業規模を大きくしたわけですが、そのデザインには竹やあやめなどの日本の文様が使用されていたといいます。

さらに、日本の和服文化の象徴である着物も欧米のファッションに大きな影響を与えています。これもジャポニズムの影響ですが、西洋のドレスに着物のモチーフが取り入れられているのです。

なぜ、このように、十九世紀から二十世紀初頭にジャポニズム現象が欧米で起ったのかといえば、私は、日本人の持つ美意識が欧米の芸術家の目を引いたのだと思います。「わび」「さび」「風流」「粋」などの日本特有の美意識が欧米の芸術家の心を揺り動かしたのでしょう。

ジャポニズムが終わり、戦後になってからも日本の文化は注目を集めてきました。特に映画やアニメ、漫画は海外に大きな影響を与えています。たとえば、映画監督の黒澤明作品は多くのハリウッド映画の登場人物やストーリー、シーンなどに大きな影響を与えています。一九六〇年制作の映画『荒野の七人』（ジョン・スタージェス監督）は、黒澤明監督制作の『七人の侍』をリメイクしたもので、舞台を西部開拓時代のメキシコに移して制作されました。主演はユル・ブリンナーやスティーブ・マックイーン、チャールズ・ブロンソン、ジェームズ・コバーンなどそうそうたる俳優陣が出演しています。ストーリーは『七人の侍』そのままでした。黒澤明監督作品は、その後も、ジョージ・ルーカスやスティーブン・スピルバーグ、フランシス・コッポラ監督作品などに影響を及ぼしています。

さらに、アニメも海外の映画に影響を与えています。日本のアニメを代表する監督である宮崎駿作品は、たとえば、ジェームス・キャメロン監督作品の『アバター』のシーンに影響を与えています。宮崎駿作品の『風の谷のナウシカ』や『天空の城ラピュタ』などです。他にもウォシャウスキー兄弟の『マトリックス』は押井守監督の『甲殻機動隊』や大森克洋監督の『AKIRA』に影響を受けています。

テレビアニメや漫画やゲームに至っては、世界中の子供たちに愛されているのはご存じのとおりでしょう。漫画『キャプテン翼』はメッシやジダンといった世界的トッププレイヤーも大好きだったと言っています。『ドラえもん』は東南アジアを中心に絶大な人気があり、アジアへの最高の親善大使であるともいわれました。実際に二〇二〇年の東京五輪招致のための親善大使としても活躍しました。

ここでは紹介しきれませんが、他にもたくさんのアニメ、ゲーム、漫画、それにキティちゃんなどのキャラクターが世界中の人々の間で浸透しています。

かつて『ジャポニズム』といわれ、欧米を魅了した日本文化は、現在、『クールジャパン』と呼び名を変え、今も世界を魅了し続けているのです。

世界でもっとも古い国

二〇一一年に発生した東日本大震災の時にとった日本人の行動について、世界のメディアはこぞって、日本人の秩序正しい行動と辛抱強さに大きな評価を与えました。「ほとんどの日本人はあのような未曾有の危機的な状況のなかでも、秩序正しく、辛抱強く行動できる民族なんだ」と。暴動が起ったわけでもなく、略奪や焼き討ちが起ったわけでもありません。日本人はお互いに感謝の気持ちを持って、お互いを助け合って、この危機を乗り越えようとしています。

確かに、外国人からするとそれら日本人の言動は考えられないことかもしれませんが、これぞまさに、日本が二千年以上にわたって積み上げてきた日本文化の結晶といっても過言ではない、と私は思います。日本人が古代から培い、身につけてきた日本人の美意識や自然観、思想、文学、芸術、暮らしなどが複雑に影響し、絡み合いながら、現在の日本や日本人を形成してきたのは間違いのない事実です。

世界中には、二百を少し超える国があります。まず、国際連合に加盟している国が百九十三カ国、国際連合には加盟していないが、すでに国として国際的な承認を得ており、国際連合のオブザーバーを務めている国が1カ国(バチカン市国)、さらに、国際連合に加盟せず、国として承認されていないが、モンテビデオ条約に定める要件を満たしている国が十二カ国で、二百六カ国といっていいでしょう。

これら二百を超える世界の国々のなかで、もっとも歴史の古い国はどこでしょうか？　そう問われると、読者のみなさんが真っ先に思い浮かぶのは、中国ではないでしょうか。しかし、よく中国は四千年の歴史を持つ国といわれますが、現在の中華人民共和国が成立したのは今から六十五年前の一九四九年です。それまでは、秦とか随とか元とか清とか様々な呼び名で呼ばれていました。それらは民族も違うし文化も違います。広大な中国大陸を制覇した民族が国家を打ち立てたのです。だから国としてのつながりはないのです。血で血を争う戦いを繰り広げて、政権がしょっちゅう変わるという戦国の世を経て、現在の中国が成立しているわけです。それは、中国の歴史をみれば一目でわかることです。

では、世界中でもっとも古い国といえば、それは日本です。「へえ〜」と不思議がられる方が多いと思いますが、日本は世界でもっとも歴史のある国なのです。

日本の国の始まりについては、今から一三〇〇年前に書かれた『古事記』や『日本書紀』を読めば、その成り立ちがあきらかですが、日本という国は天皇を中心として、二千年以上の歴史を持つ国なのです。二番目に古い国はスウェーデンです。一五二三年にカルマル同盟から離脱して王政となったので、二〇一四年で四百九十一年の歴史があります。日本は二千年を超える歴史があることを考えると、その歴史の差は歴然としています。日本人はそのような歴史を持っている国に住み、昔から変わることなく同じ言葉を使い、文化を継承してきました。古代日本のＤＮＡを引き継いでいるといってもいいでしょう。ちなみに、私の故国であるイギリスの建国は一七〇七年ですから、約三百年の歴史しかありません。

しかも、日本は太平洋戦争に負けて敗戦国になり、一九四五年から約六年にわたって連合国に占領されましたが、それ以外は、一度も他国から侵略されず、滅びたことがない国です。このような国は世界でも珍しい国といっていいのです。

日本の文化は、古代から中世においては遣隋使や遣唐使を隋や唐に派遣することによって中国からの文化を中心とするアジア近隣諸国の文化などを取り入れ、そして、徳川幕府が朝廷に政権を奉還して明治維新を迎え、明治となってから西洋列強諸国に追いつけ追い越せとばかりに、欧米の文化を積極的に取り入れ、それらの文化を日本なりに取捨選択して、日本独自の文化を形成してきているのが特筆されるでしょう。

日本の伝統文化というものは、神道を基軸として成り立っているのは確かで、たとえば、日本の文化が西洋化しても、たとえば、住居を例に取ると、和風の座敷が洋間になっても靴を脱いで座敷に上がるという習慣は変わっていないなど、いたるところに日本的な要素を残しています。

また、日本ではお互いに助け合うことがごく普通の生活習慣として根づいているのが特徴といえるでしょう。相互扶助の精神は古代から長い歴史のなかで培ってきた、日本人のDNAとして引き継がれているものだと思います。さらに、日本人の精神的、心の特徴のひとつが「思いやりの心」を持っていることです。他人を大事にする日本人の思いやり精神は、英語でいうところのSympathyよりももっと強い思いで、自分の心を抑えて他人のために何かをなす、あるいは他人の心を思いはかる、という行為として引き継がれています。ですから、日本語には他人を思いやる言葉がたくさんあります。たとえば、「心遣い」や「気配り」「情け深い」「いたわり」「察する」などです。

歴史から見た日本

世界で最古の国家である日本の歴史上、人類が日本列島で確認されたのは、今から約十万年前から三万年前だといわれています。その時代は、現在のような日本列島の形状ではなく、北海道と九州は大陸とつながっていて、ナイフ形石器と呼ばれる石器が北海道を除く、日本列島で発見されています。また、今から約四万年前から三万年前には、世界最古といわれる磨製石器が各地で発見されており、日本列島ではすでにこれらの石器を使用した暮らしがなされていました。つまり、日本列島では古くから中国大陸とはまったく異なる日本文化が育っていきました。

さらにいえば、日本には古代に高度な文明があったのではないかと思っています。それを証明するのが巨石遺跡です。私は奈良県の益田の岩船や兵庫県の岩宝殿といった巨石をこの目で実際に見てきましたが、これはあきらかに人工物です。そして、これは現代の技術でも作ることは難しいでしょう。また、沖縄県の与那国島周辺には海底遺跡も見つかっています。これをムー大陸ではないかという学者もいるようです。

そういった古代遺跡が日本には存在します。これらがなんのために作られたのか、いつ作られたのか、はっきりしたことはわかっていません。縄文時代か、それともそれよりも前かもしれません。いずれにしろ、日本という国ができあがる二千年前よりもはるか前にこの国には文明が存在していたということは間違いないでしょう。

縄文時代に限っていえば、約一万六千年前に発見された縄文土器からは、その時代にすでに煮炊きをするなど、なんらかの料理を行っていたと推測されます。これは世界最古のものです。さらに、縄文時代には野菜を栽培したり、稲作も行うようになっていたと思われます。なぜなら、この時代は寒冷期が終わって温暖期に入っており、作物を育てるのに適した気候環境になっていたらしく、そうなると、家畜を飼ったりもしたようで、縄文時代独特の食文化が生まれていたと思われます。

また、水田稲作のためには、みんなで共同の作業が必要であり、協調と勤勉な作業が非常に重要となってきます。日本人の祖先は水田稲作の作業を通じて、和の精神や公の精神、あるいは勤勉さというものを子孫に伝えるようになったのではないかと思います。

日本人にとって稲作というのは特別なものです。天上界から地上界にアマテラスオオミカミの孫であるニニギノミコトが「天孫降臨」する時、アマテラスオオミカミはニニギノミコトに稲穂を授け、地上界で稲作をして豊かな国を作るように言いました。神の国である天上界の高天原から伝えられたのが今の日本の稲作なのです。

天上界からやってきたニニギノミコトは地上界でコノハナサクヤヒメと出会い、結ばれます。その子供の孫にあたるのが初代天皇の神武天皇です。その神武天皇から連綿と天皇家は続き、現在の今上天皇は一二五代目になります。アマテラスオオミカミという日本の最高神から今につながっているのですね。神話の神様とつながっているのは天皇家だけではありません。いくつかの神社では、その御祭神の子孫が今も宮司を務めています。日本人は神様とつながっているんです。

日本の歴史の中心には天皇がいます。天皇は祭祀を司っているので、日本の文化・精神の根本にある存在といってもいいでしょう。多くの国は国内で争いを繰り返し、王朝は入れ替わってきました。日本では建国から今も天皇が続いています。そして伝統・文化を守り続けています。これは奇跡的なことなのです。

政治的、歴史的、神道のことも関係なく、私は今の天皇が大好きです。ひとりの外国人として、今の天皇皇后両陛下を見ているとなんともいえない感情が湧いてきます。おふたりの姿はとても綺麗です。美しいのです。何者にも比べられない、比較できない美しさがあります。私は直接お会いしたことはありませんが、私の友人のうち三人が直接両陛下にお会いしたことがあって、その三人ともおふたりを素晴らしい方だと言っていました。

天皇皇后両陛下は本当に、心から日本国民のことを思っているように思います。それがそのお姿からにじみ出ているから外国人の私も感動させるのでしょう。

日本人にとっての太陽とは？

太陽は日本人にとって特別な意味を持っています。日の丸を持ち出すまでもなく、太陽は古来より日本人にとって信仰の中心にある象徴でした。また日本の最高神であり、皇祖神でもあるアマテラスオオミカミは、太陽を神格化したものといわれています。「日本」という国名自体が、「日の本」つまり太陽を意識したものです。「日出ずる処」ですから。

しかし、最近の日本の夏は猛暑が多く、太陽は日本人にとってすっかり「疎ましい存在」になってしまったのかもしれません。特に女性に限っていえば、肌に突き刺す紫外線が有害なものとして認知され、定着しています。しかし、だからといって、太陽に敵意をけっして抱いてはいけません。太陽は我々にすべてを与えてくれる存在なのです。

福島県では、原発事故による放射性物質の放出による大気汚染を過剰に心配し、極力外に出ることを避けた親御さんのせいで、子供たちの間で、日光浴不足による病気やクル病患者が激増しているという報道がありました。太陽が人体にあたえてくれる恩恵を知るとともに、放射性物質に対する過剰な拒否反応が招く不幸に他なりません。

古来より信仰の中心にあったのは太陽です。万物の生みの親であり、また朝日が象徴するように太陽もまた、生命の誕生を示す非常に喜ばしき存在です。では実際、太陽をどのように意識すればよいのでしょうか？

これは実は、とても簡単なことです。どんなに忙しい人でも、実践可能性なことです。「一日一回は、しっかり太陽を意識的に強く想う」だけでいいのです。仕事の合間や移動中に、必ず一度は太陽に注意を払う。それだけを心がけてください。その日が雨であっても、心の中で「今は隠れてしまってますが、お元気ですか？」と太陽に語りかけるようにするだけでいいのです。

地球もそうですが、太陽も生命体なのです。こちらから心を開いていくと、必ず反応してくれます。そのことを古代の人たちは知っていましたから、特別な儀式というシステムで太陽とコミュニケーションを濃密にかわしていたわけです。

さて、その古代の日本ですが、現代人が学んでいるものはすべて明治以降に書き換えられたものです。明治維新以後におこった廃仏毀釈運動、神道と仏教が分離されたことによる精神性は、そのまま日本人に植えつけられてしまった「分離の精神」に影響していきます。

すべて万物はつながっています。八百万の神、森羅万象、日本人の信仰の根本にあるのは「アニミズム」です。それは、自然界のありとあらゆるものや現象には、必ず霊魂が宿っているという考えです。

数ある星や星の配列にまで名前をつけた古代の人々は天体、宇宙にも霊魂が宿ると考えていました。それらはすべて、我々と密接につながっているのです。

つながりは愛です。本来つながっている宇宙も、その実態は愛です。無重力などという科学的なことは関係ありません。「愛」という言葉を疑ってはいけません。本来の日本人はそれを十分理解して生きてきました。日本人はスピリチュアル的にですが、世界中のどの国や地域の人たちより特別な国民性を持っていたのです。スピリチュアル的な次元が違っているのです。日本人の心の中心にあったのは強い太陽意識です。太陽とつながれば何百倍ものパワーを持つことができるということを知っていたのです。

神道とはなんなのか

神道について考えると、聖なるものを強く感じるのです。しかし、「これが宗教なのか？」という素朴な疑問が生まれます。まず、神道には教義・経典がありません。教祖もいません。特別な入信の儀式もなければ、実際、信者として受け入れる明快なルールもありません。宗教観そのものがボヤけているというか、曖昧な状態のままです。一般的な宗教の定義をもとにすれば、神道は宗教とは呼べないものなのです。

神道はキリスト教やイスラム教、仏教などとは違って、古代から伝わる原始宗教といわれるものです。その中心の考えは先述した「アニミズム」です。それは、すべてのものに神が宿るという考え。ですので、日本人は自然を敬い、畏れ、共存しようとします。自然の恵みに感謝し、食事の時には「いただきます」と手を合わせます。

神様への祈りももともとは「神籬《ひもろぎ》」や「磐境《いわさか》」といったところで石や木を依り代にして捧げていました。古い神社のいくつかは今も山そのものがご神体であり、その山を拝んだりしていいます。神道に教義らしきものができたり、社殿ができたりするのは仏教が入ってきてからです。仏教の影響を受け、神道も変わっていきました。

そして、仏教が入ってきた当初は対立があったものの、やがて神道は仏教と一緒になってしまうのです。神様と仏様が習合してしまう。これも実に日本的だと思います。現在では神道と仏教は明確に違いがありますが、それは先に述べたように明治時代に神仏分離が政府の命令であったためで、それまでは神道と仏教は一緒でした。同じ敷地で同じ社殿で、神も仏も同じように拝んでいたのです。アマテラスオオミカミを祀る伊勢神宮でさえ、仏教との深い関係があったのです。

明治時代になり、日本政府は欧米列強に対抗するために天皇を中心とした国作りを行い、神と仏を分離させ、国家神道を作り上げました。ここで神道は大きく変容しました。これまでのおおらかな神道から、少し窮屈な神道へと。それでも神道の祀りや祈り、儀式、作法などは残りました。それは大昔から今もなお伝わっています。

そんなこんなといろいろなことに思い巡らせ、いつも頭の中で「この国はよく存在できてるなあ」、そして「いやいやだからこそうまく機能してるんだ」という問答が始まります。とにかく神道には謎が多すぎるので、私は神職の作法を学ぶことにしたのです。すると、歩き方から座り方、祝詞の作法、すべてが新鮮で合理的でした。そして、私は姿勢を正すということの重要性に気づいたのです。これは重要な気づきでした。

姿勢は身体性のみならず、精神性に大きく影響するということを、昔の日本人は知っていたのです。座禅も同様です。日常、特に信号待ちの時、クタ～っとしている若い女性を多く見受けます。ふだんはおそらく「自分磨き」に強い感心を持っていることと思うのですが、結局、ふとした時に「姿勢」が正しくないのは、残念でなりません。まずは「姿勢を正す」ということから始めましょう。

「道」の思想とは?

「茶道」「華道」「柔道」「剣道」……ありとあらゆる「道」には、必ず通過儀礼があり、進むべき段階があります。自分の前にある真っ直ぐな「道」を一歩一歩踏みしめながら前へ進むことになんの疑問を持たず、ただ歩む――それだけで高い精神性を獲得できるということを古来の日本人は知っていました。

これは実用的な民族である、日本人ならではの、実に優れたシステムです。その効果や実績はこれまでの歴史が証明しています。しかし、今の日本人、特に社会人となって忙しい日々を過ごす人々が、この「道」というものをどれだけ継承し、実践的できているのでしょうか。

昔と比べて、この「道」を継承、実践している人たちは随分と少なくなってきていると感じるのは私だけでしょうか？　「学生の頃までは習っていたけれど、今は忙しくてとてもとても」という人が多いのではないでしょうか？

本当に忙しいですか？「忙」という字は心が亡ぶと書きますが、そうなってしまったのはなぜでしょうか？　たとえば、週一回、三時間だけ「道」の習い事をする時間すら確保できないでしょうか？　そういいながらスマホの画面と向き合っているのはなぜでしょう？　結局、自分の決心の問題ではないでしょうか？　今日一日はいっさいSNSはしない！　そういった決意を持つことはできないでしょうか？

「断つ」という選択ができないのは、怠惰だということです。そうした人たちの割合が大きくなっているのが、日本人の現状ではないでしょうか？　現代日本人は怠惰なのですから、政治も経済もよい方向に向かうわけがありません。

さて、今の日本の政治家はどうでしょう？　昔の政治家は、必ず誰もがそれぞれの「道」

を継続的に実践し、精神的な高みを目指し、「真剣」に課題や問題に取り組んでいました。つまり、自分の意識を熟成させていたわけです。そして、本当の「正義」とは何かを知っていました。それは、法律的なことではなく、何が正しいのか正しくないのか、白黒をはっきりさせた生き方をしていたということです。

最近、教師、指導者の立場の人の「体罰問題」が注目されがちですが、それは当然です。「道」の深みを知れば、「正義」がわかれば、不用意に手を出すことなどありえないからです。「道」の深みを知らず、ただ感情的な行為が何を生むというのでしょうか？

はっきりいって、今の日本人は「『道』に迷っている」のです。「道の必要性があるかないか」ということを今一度、日本人は確認すべき重要な時期にさしかかっていると、私は思います。「道」を習ってみようかなと思った時に生まれるいくつかの「躊躇」を紐解けば、今のあなたに欠けている部分があぶり出されるはずです。それひとつでも、意義のあることには違いありませんので、この機会にぜひ、自分自身が進む「道」と向き合ってみてください。

そして、自分の時間を作ることに努力してください。

そして、次に、「じゃあ何か始めてみようかな」と思い立ったならば、シメタものです。そういう自分に誇りを持ち、堂々とあなたが選んだ「道」の門をくぐってください。自分が選んだ「道」について人に話す時に注意することは、「いや、ちょっとした趣味で……」などと言わないようにすることです。

今時、真剣に取り組む姿勢など照れ臭いという自意識のせいでしょうか？　私には不可解なことですが、後ろめたさを感じるのでしょうか？　「道を極めたい」ということはかっこ悪いことですか？　そのような姿勢や態度で「道」を究めようとしても、そのようなことでは先が見えてきません。「私は道を究めたいんだ！」と堂々と宣言すべきです。もともと日本人には、「道」という伝統が馴染むのです。

「道など究めることはできない」「道は私には馴染まない」などという先入観や思い込みは、結果として、日本人を怠惰にしてしまいます。

私たち来日外国人はその点、まったく真っ白な状態で日本に飛び込むわけですから、日本文化が本来持っている「道」の素晴らしさに共鳴しやすいのだと思います。ですから、無心になって「道」に取り組む外国人が多いのです。そのうち、この「道」という素晴らしい日本文化が、外国人に乗っ取られてしまうかもしれません。

日本の国土が持つ聖なるパワー

その「道」は、システムとして機能し続けた歴史があり、その効果もはっきりしていますが、もうひとつ、「習い事」ではない、日本人ならではの大切な特殊なパワーが存在しています。

それは「場」です。見えない「場」です。私はふだんは、「そのフィールドの力を借りる」と表現しています。力を借りるとは、なんのことだと思いますか。それは「空」のことです。この無限の力、見えない「場」のパワーについても、かつての日本人は意識的に利用するノウハウを持っていました。

それは、朝鮮半島の道士に古来より伝わる鍛錬法のひとつである「借力《ちゃくりき》」に近いものがあります。おそらく渡来人とともに日本に入ってきた方法なのでしょうが、仏教にも当てはまるように、すべては日本という地で熟成されてきました。

これも日本という国の聖なる力の結果といえます。私のような「外」からの眼差には、それがハッキリとわかるのです。聖なる力とは、日本の国土が持つ高次元のエネルギーといってもいいでしょう。

日本人は、その「見えない場」の力を借りて、超越的なパワーを武道に生かすだけではなく、呪術的、シャーマニズム的儀式にも応用してきました。その奥義は、一般的には会得するのは困難かもしれませんが、ここぞという時の集中力や踏ん張りどころでは、日本人は「場」を引き寄せる力があることをもっと自覚したほうがいいのではないかと思います。

スポーツ界でよく使用される「ゾーン」に入ったという言葉は、感覚的には、まさしく、この「場」の力を自分に引き寄せた時だといえば、「場」というものをイメージしやすいのではないでしょうか。

日本人にとっての「武士道」とは？

日本人の気質を形作っているものに、武士道の精神があるのではないかと思っています。私自身、昔の武士のように、武士道精神を遵守しながら生活をおくっている方と知り合い、その方の哲学や生き方などを学んでいる途中ですが、私がとらえている武士道とは、単に強いというのではなく、身体とは何か、身体と意識との関係は何かなど、自分の肉体が健康で強靭であるためにどんなことをしたらいいのかという、基本的な教えだと思っています。

武士道はけっして暴力を肯定するものではありません。昔の武士は、士農工商という身分制度を作りました。その制度の頂点に立っているのが武士ですが、そうした制度をつくった武士の狙いは、正しい社会の構築だったように思います。そのためには、武士自身が正常な判断ができる状態でなければなりません。ですから、強靭で健康な肉体と精神が必要だったのです。それが武士道です。

私が師事を仰いでいる武士道精神を実践している方は、強靭な肉体と健康を考える他に、哲学や先端物理学、タロットなど、ありとあらゆる分野の研究を行っておられます。それはとりもなおさず正しい生き方を実践するためです。

私が武士道を思う時にいつも浮かんでくるのが座頭市です。外国人にとっては宮本武蔵のほうが有名ですが、座頭市は社会の最下層に位置する人物で、インドのカースト制度の例でいえば、アンタッチャブル、けっして触れてはいけないという存在です。しかし、座頭市は慈悲深く、弱者の声に耳を傾け、道理にかなわぬことに対しては立ち向かっていく正義の持ち主で、しかも強靭で強い。まさに、武士道の精神を実践している人物と私は思っています。

日本には武士道という世界の人々が見習うべき哲学といいますか、生き方の指針があります。そうした古来から伝えられているものにもっと日本人は感心を持つべきでしょう。

仏教と儒教の教え

先述したように、大震災に見舞われながらも秩序正しく、我慢強く行動する日本人の姿は世界から絶賛されましたが、このような日本人の精神構造はどう形作られたのでしょうか。外国人の私にとってはとりわけ興味深いテーマともいえます。

私が考えますに、それは儒教と仏教に関係があるのではないでしょうか。儒教は中国から、仏教はインドから日本に入ってきました。それらふたつの教えが日本人のなかで融合し、日本人独特の精神構造をなしているのだろうと思います。

儒教の教えは何かといえば、基本になる教えは「仁義」です。そうです、よくヤクザ映画に出てくる「仁義」という言葉です。ヤクザ映画に出てくるとイメージが悪いですが、「仁」とは、道徳を表しています。慈しみ、思いやりで、とくに孔子が提唱した道徳概念です。礼に基づく自己抑制と他者への思いやりでもあり、以来、儒家の道徳思想の中心に据えられ、宋学では仁を天道の発現とみなし、いっさいの諸徳を統べる主徳としました。封建時代には上下の秩序を支える人間の自然的本性とされましたが、近代、とくに中国では、万人の平等を実現する相互的な倫理とみなされるようになりました。

そして、「義」とは自分自身を犠牲にしてでも第三者を救うという自己犠牲を表しています。本来、「義」は、道徳、条理のことで、ものごとの道理のかなったことを意味しています。また、人間の行うべき筋道のことでもあります。また、利害を捨てて条理に従い、人道・公共のために尽くすこと、という意味も含まれています。よく、「義を見てせざるは勇なきなり」といいますが、これは、人の道として当然行うべきことを知りながら、これを実行しないのは、勇気がないという意味です。道徳と自己犠牲が儒教による教えです。

一方、仏教ですが、仏教には「慈悲」という言葉があります。「慈」とは、相手が欲しがっているものを与える思いやりの心を表しています。慈しむこと、恵み深いことという意味があります。また、「悲」とは一般的には、悲しむこと、悲しいこと、悲しみという意味ですが、仏教では、あわれみの心を表しています。ですから、慈も悲も、思いやりを意味しています。つまり、慈悲は思いやりの精神のことなのです。

この「仁義」と「慈悲」の思想が、日本の歴史のなかで面々と日本人のＤＮＡとしてすり込まれていたのだと思います。その精神性がまさかの時に発揮されたのだと思います。

「恥の文化」と「罪の文化」

さらに、日本人の精神性を語るうえで欠かせないのが「恥の文化」です。西洋人には「罪の文化」があります。

アメリカの文化人類学者にルース・ベネディクトは、一九四四年に『菊と刀』を出版しました。今でも日本論をテーマにする時に必ず、俎上にあがる名著だといわれています。この『菊と刀』のなかでベネディクト女史は、欧米の文化は「罪の文化」ですが、日本人の文化は「恥の文化」であると述べています。ちなみに、この『菊と刀』は、当時の日本人の精神性や文化など日本人の国民性を調査・研究した名著で、日本がポツダム宣言を受諾して連合軍に占領されたわけですが、日本の占領政策をどうするのか、という基本路線の青写真を描く時に参考にされたといわれています。

ベネディクト女史が欧米の文化を「罪の文化」と喝破したのは、欧米はキリスト教文明が主体となっていますが、欧米人の言動の規範になっているのは宗教の戒律であり、神の戒律を守ってさえいれば、「心は清澄で一点の曇りもない」というわけです。しかし、宗教の戒律を破ってしまうと、欧米人は罪の意識を非常に強くします。つまり、欧米人の心にはいつも神が存在しているといってもいいでしょう。

「罪の文化」を表すことわざに次のようなことわざがあります。

「A guilty conscience feels continual fear.」(罪を意識する心は絶えず恐れを抱く)。

「God comes with leaden feet, but strikes with iron hands.」(神はゆっくり近づくが、打ち据える拳は鉄のように強い)。

一方、日本人の「恥の文化」ですが、日本人は欧米人のように宗教心が強いというわけではありません。もともと日本人の宗教観は神道が基本となっているわけですから、神道にはキリスト教のように絶対神というものはありません。多神教が日本人の宗教の特徴ともいえます。ですから、一般的に多くの日本人が意識するのは宗教の規律ではなく、周囲の目、世間の目ということになります。

「世間体を気にする」という言葉があるように、国土が狭い日本では、いつのまにか他人の目を意識しながら生活するという慣習が身についたのでしょう。「悪いことをすれば世間様に顔向けができない」「お天道様に背いたことをすると道を歩けない」などと昔の人はよく言っていました。

ですから、日本人にとって怖いと思うのは、神様や仏様ではなく、周囲の目であり、他人からどう思われているか、ということです。他人に笑われたくない、恥をかきたくないという意識が非常に強いのですが、それが日本人の行動規範を決めているといっても過言ではないでしょう。自分の言動を正しいかどうかで決める人は意外と少なく、世間にどう思われるか、他人がどういうか、恥をかきたくないなどで自分の行動を決める人が多いようです。

また、「恥の文化」からは、義理や人情を重んじ、大切にする気風が生まれます。それは、人前で恥をさらしたくないという意識がそうさせてしまうようです。そればかりではありません。とても名誉を重んじて、大義のために一命を投げ打つという自己犠牲を払うような高潔な行動を行い、称賛の的を得ることもあります。

しかし、「恥の文化」はそのようないい面ばかりではありません。功罪が相半ばしています。その罪の部分でいいますと、周囲や世間の目や評判を気にするあまり、あるいは恥をかきたくないという心理から上記のような行動をすることがありますが、いったん、周囲の目が、世間の見る目が変わったとたんに、自分自身がどう思われているか、どう恥をかいているかの感じ方も変わるということです。臨機応変といえばよく聞こえますが、われわれ外国人の目からすれば、狡がしこい、功利的な生き方に見えることがあります。

私たち欧米人の心の中には常に神を意識し、正義や良心にしたがって行動するという絶対的な価値観が根づいていますが、日本人はともすればそうした価値観が希薄に感じる時があります。そのことは、戦前の日本がやみくもに挙国一致の戦時体制に突き進んだことをとらえても、「恥の文化」からくる日本人の精神性をよく表しているといえます。

素晴らしい親子関係

先日、テレビで七十歳近い、ある歌舞伎役者のインタビューを拝見しました。京都の歌舞伎座か、大阪の歌舞伎座のどちらかに出演している歌舞伎役者さんでしたが、彼がいうには、最近、歌舞伎を見にやってくるお客さんが減って、歌舞伎の公演もなかなか厳しいものになってきたというのです。

そこで彼は新しいパフォーマンスとして、コミカルな歌舞伎を考えて、徹底的にトレーニングをして、自分の歌舞伎をお客さんに見せるわけです。彼の歌舞伎には、命がけで歌舞伎をもう一度復活させせなければならないという思いが込められているようでした。見る人をそう思わせる鬼気迫るものがあったのです。

彼は、歌舞伎役者として五十年ぐらいのキャリアがあるのでしょう。うまくいくかどうかまったく保証されていない世界でがんばり続けているわけです。そして、彼の歌舞伎は最高のパフォーマンスでした。だから、彼のような人がいる限り、日本は絶対大丈夫だと思ったわけです。それに、彼の子供も歌舞伎役者になっていて、親と一緒に共演していました。そうやって、彼の歌舞伎が息子に受け継がれて、次代の歌舞伎となってお客さんの前で演じるわけです。

親から子供へ、子供から孫へと日本の伝統芸能である歌舞伎が受け継がれていく……これはすごいことだと思いました。

受け継がれていくといえば、こんなこともありました。

私が地方で講演する時に決まってサポートしてくれる人がいます。駅から会場まで私を車で運んでくれたりするのですが、車の中でいろいろと話をしていたら、その人は先祖代々から漬け物屋を商売としているというのです。会社組織にしていると言っていました。漬け物屋の仕事は結構大変で、毎朝午前三時半には起きて、仕事を始めるわけです。

家族は、奥さんと子供一人なんですが、その子供というのは女性なので、漬け物屋も自分の代で終わりだと思っていたそうです。女の子には漬け物屋を継ぐのは無理だと、勝手に思い込んでいたのです。

ところが、ある日突然、まだ二十代というその娘さんがお父さんに、「お父ちゃん私、漬け物屋をやります、会社を引き継ぎます」と言ったそうです。「私しか商売を継ぐ者はいないでしょ」とも。

それを聞いたお父さんは感激して涙をこぼしたそうです。まさか、二十代の娘が漬け物屋の後を継ぐと言い出すなんて思っていなかったから、びっくりすると同時に、感激したんですね。世界を見渡してもこんな光景はあまりありませんが、日本にはこんな親子関係があるんです。私もその話を聞いて感激しました。

考えてもみてください。漬け物屋ですよ。二十代の子供が漬物のビジネスに興味あるものですか。はっきりいって、今の日本で若い人が漬物屋をやろうと思いますか？　かっこいいビジネスだったらやろうと思うでしょうが、漬け物屋はけっしてかっこよくはないし、ものすごくベーシックなビジネスです。

その娘さんは、お父さんやお母さんのことを考えて、漬け物屋を継ごうと言い出したのだと思います。それと同時に先祖代々続いている漬物屋を自分が途切れさせることへの罪悪感もあったと思います。親思いというか、そんな美徳がまだ日本には残っているわけです。

もうひとつ、親子の関係についての例を出しましょう。

私が四国八十八カ所のお遍路の旅に出た時のことです。ある日、私をものすごい早さで追い抜いていく三十代ぐらいの男性がいました。びっくりしましたが、私も負けるものかと歩くスピードを上げて、彼の後をずっとつけていきました。そして、彼が小休止した時に話しかけました。

彼に会ったのは七十何番目かのお寺でしたので、お遍路に出て何日目かを尋ねたら、三十一日目か、三十二日目ということでした。八十八カ所のお遍路の旅としてはものすごい早さです。彼とは、結果的に三日間一緒に歩くことになったのですが、彼がお遍路の旅に出た理由は、両親の病気の回復を願ってのものでした。

私はそれを聞いて驚きました。だってそうでしょう、お遍路の旅に出たからといって両親の病気がよくなるわけないと、普通は思います。しかし、彼は病気の両親の回復を願って、何かをしなければならないと切望したのだと思います。それが八十八カ所のお遍路の旅で、自分が苦行をすることによって、両親の病気の回復に寄与したいということなのです。つまり、自分を犠牲にすれば相手のためになるという発想です。

自分のためだけでは、ためにならないという知恵が残っているのだと思います。とくに、これだけ人口密度の濃い場においては、自分のためだけという発想は許されないということです。人口密度の低いスコットランドのようなところですと、そういう発想は許されるかもしれません。そうした考えは長い間の歴史や伝統から培われたもので、自分のためだけを考えたらダメだというフィールドができているということです。

素晴らしい日本女性

私は、世界的に見ても、日本の女性ほど魅力的な女性はいないと思います。この私の意見には誰も反対はしないでしょう。非常にスマートで、活動的で、周囲に常に注意を払っています。そして、結婚すれば専業主婦に専念し、子供が生まれたら子供のために自分のすべてを捧げるという、けっして中途半端ではないのです。そう考えてみれば、日本の女性は非常に優れた財産だと思います。

しかし、私から見ると、日本の女性はほったらかしにされている人がほとんどです。彼女たちは日本の財産なのですから、なぜ、日本の男性は女性をもっと大切にしないのか、私には不思議でなりません。

私はこうした状況をある種の社会現象として見ているわけですが、私自身のセミナーや講演にも女性がたくさんやってきます。むしろ、男性よりも女性の参加者が多いです。ですから、そうした女性たちといろいろなコミュニケーションができるわけです。

たとえば、先日もあるひとりの四十代の女性と、私の講演を聴いた後で、どこかで紅茶でも飲みながら話をしようということになりました。彼女の話を聞くと、合気道の先生でした。ご主人は警察の方で、同じく合気道の先生だということでした。

彼女とは大本教の話や弓道の話、さらに合気道で盛り上がりましたし、二十代の娘さんも一緒でした。でもご主人は私の講演には来ないんですね。仕事が忙しいし、私の話にはあまり興味がないのかもしれません。しかし、私にすれば彼女の家族は別々の生活をしているような印象を受けたのです。

これは社会的な、現実的な問題として、男は働かないと仕方がないし、忙しくて家族との時間をとるのは無理だというのはわかりますが、そのような状態がいつまで続くのでしょうか。そして、そうした生活が行き着く先はどうなるのでしょうか。

世の男性が女性をほったらかしにしていると、女性たちはだんだんと男性たちと会わなくなってしまいます。だから女性たちはグループとなって、自分たちの生活や生き方をエンジョイするようになるわけです。これは、本来は男性と一緒にやるべきことが減っていくということです。

この現象は日本だけではありません。世界的にみても、今のマーケティングのほとんどは女性に向けたものです。これは非常にまずい状況だと思います。だから、ここで男性たちに言いたいのです。仕事は大事なのはわかりますが、一番大切な関係性は、自分の奥さんやガールフレンドのはずです。関係性を中心軸にしないと、いくら仕事が上手くいったとしても、遅かれ早かれ、問題になるということです。それは、自分の経験からもいえることです。

袖振り合うも他生の縁

この言葉は、「すれ違いざまに、袖が振り合うような、ささやかな偶然の出来事であっても、それは前世からの深い縁で起きる」という意味の故事成語ですが、これはまさしく、日本がシンクロニシティ文明国だということを表現している言葉です。

東日本大震災後も「絆」という言葉が全世界に知れ渡りましたが、日本人の「万物はみんなつながっているという思想」がその言葉に裏打ちされていることまでは、なかなか紹介されませんでした。

シンクロニシティという言葉そのものは、かなり以前から日本でも流通していますし、ちょっとした会話でも「シンクロじゃん」というように使用されていますが、その言葉の持つ深い意味までは、なかなか知る機会がないといってもいいでしょう。

ここで、物理学で実証された革命的な法則性を紹介します。

量子力学の非局所性原理が正しいとされたことです。非局所、つまり、空間的に遠く離れたAとBが直接的につながっていなくても相互作用運動を起こすということが確認されたのです。それは光のスピードや光そのものも否定しかねない、今までの常識では「ありえない」ことです。極端にいえば、何万光年離れたところでも、その相互作用は起こりうるというわけです。

その相互作用は万物の原理となるわけですから、人類にも起こると想定するのは当然のことです。全宇宙のどこの星とももつながる。異星人であっても、もはや異星とはいえなくなるという話も可能性としてゼロではなくなったわけです。

事例を紹介するまでもなく、世界中に「ありえない話」として、また、偶然と片づけるにはあまりにも不思議な出来事は溢れかえっています。実は日本人ほど、そのシンクロニシティ能力に長けた民族はいないのです。

アニミズムを源流に持つ古代日本人は、「八百万の神」という西洋人に考えられない感性で宗教観を表現しました。これはまさに右脳の働きによる感性です。シンクロニシティも同様に、右脳の働きによるところが大きいのです。右脳は実社会の営みとはおおよそ縁のないものです。宇宙、そして万物とのつながりに働きかけるのです。

世の中は左脳社会です。どうして人類は左脳を選んでしまったのか、もう左脳でしか経験できない人生を選択してしまったのです。左脳社会が生むのは競争社会です。極端にいえば「戦争を引き起こす」脳といえます。今、日本人は、その右脳というハイスペックを使用しなければならない時を迎えています。時間はありません。

日本人の気遣い

ある日、グラハム・ハンコックの息子のルークと私たちは旅の目的である益田の岩船の場所がわからなくて道をうろうろしていました。犬を散歩させていた地元のおじさんに道を尋ねると、その場所は二番目の信号を左に入っていったところにあると教えてくれました。しかし、教えられた道はどうも間違っているように思え、教えてもらった道ではなく、三番目の信号のところを左に入って、目的地まで行くことにしました。

途中の道はすごく険しくてロープがあるのですが、そのロープを伝わって、益田の岩船に着いて、みんなで話をしていました。

「ねえ、与那国の海にもぐったでしょ？　どう、あれは人工物だった？　自然物だった？」

「いえ、あれは人工物です」

と、そんな話をしているところへ、先ほどの地元のおじさんが犬と一緒にやってきたのです。そして、私たちを見るなり、「申し訳ない、三番目の信号でした」と頭を下げるではありませんか。

私たちが彼に会った場所からここまで、バイクでも約十分はかかります。おそらく彼の足で三十分はかかったのではないでしょうか。

ルークが「わざわざすみません、すぐわかりましたので問題はなかったので」と言うと、おじさんは、「それはよかったです」と言って帰っていきました。

私は実に日本人らしいと思いました。道を間違って教えてしまったことが気になって仕方なかったんですね。その責任感というのでしょうか。私たちは彼の行動に非常に驚きました。

私はルークに尋ねました。

「お前、他の国でこんな経験があるか？」

「いや、ない」とルークは即座に答えました。

五分くらいのところなら追いかけてくるかもしれません。犬の散歩にもなるだろうかと思ってやってくることも可能ですが、三十分以上もかかるところへ、わずか道を教え間違えたぐらいで、正しい道を教えにやってきたのです。

小さなエピソードですが、日本人らしさを感じさせる出来事でした。こうした日本人らしさを感じさせるエピソードは数限りなくあります。

たとえば、こんな話はどうでしょうか。

ある日、東大阪方面へ向かって車に乗っていたら、自分の車の右レーンの二台先にトラックが走っていて、そのトラックに伐採して積んであった木材が数本、道路に落ちてしまった。ちょうど赤信号だったので、トラックは止まったが、その後ろを走っていた乗用車の運転手がすぐに車から降りて、デカい木の枝ですが、拾ってトラックの荷台に載せたのです。トラックの運転手がその時、車から顔を出して「何が起ったのかな」と不思議な顔をしたのですが、その木の枝を拾った方は「なんでもないよ」と言って、自分の車に戻っていった。赤信号といってもそんなに長時間、赤信号で車が止まっているわけではないのですが、落ちた材木が車の通行に邪魔になると思ったら、自分の責任でもないのに、日本人は当然のように、このような行為をいとも自然に行うのだなと思ったわけです。

そのような、当たり前のような行為はいたるところで目にすることがあります。

たとえば、私の講演会での出来事です。

どの講演会場にいっても、当たり前のように、後片づけをする人がいます。椅子の片づけとかテーブルとか、誰かを指示してやりなさいと言わなくても、黙って片づける人がいます。それが、セミナーの参加者であっても最後「椅子はどうしますか?」って言うわけです。最後まできちんと全部整理して、ちゃんと元通りにして退くということを当たり前と思っているわけです。

ところがこれが西洋だと、それはここのオーナーのスタッフの仕事でしょ、私たちは参加者でしょ、そんなことをやってる場合じゃないでしょ、ということになるのです。

日本では「私がやりましょう」という感覚は当たり前です。この前の私のセミナー会場でもそうした光景が見られました。そして最後は必ず、その会場のオーナーである社長に「お世話になりました。ありがとうございました。またよろしく」と挨拶をして帰路につきます。そうすると、彼らとの関係はいつまでも円滑に続くわけで、また、次が頼みやすいわけです。

そうしたケースは、旅に出ているとよく見る光景でもあるのです。

私は、いろいろな国へ日本人と一緒に旅をします。それぞれの国々で問題がないようにみながが注意を払うわけです。地元の人との関係性もあるから、それこそゴミをちゃんと片づけるとか、あまり食事を食べたくないにもかかわらず、地元の人が提供してくれるから喜んで食べましょうとか、そういう小さなことにみんな気を配るわけです。非常に柔軟性があるということで、実は、私のツアーに参加した日本人はいろいろな国々で話題になったのです。

どういう話題になったかというと、そのような日本人を現地の人たちはあまり知らないというのです。一般のツアー観光客は、いつもツアーバスで来て、写真撮って帰るだけで、現地の人たちとあまり話をしたり、交流をしないというのです。だから、私のツアー客たちが現地の人たちと積極的に交流をするというので、大変驚いたというのです。

たとえば、こんなことがありました。

私が企画したツアーでペルーへ行った時のことです。参加者のひとりのバッグをトラックの後ろに乗せていたのですが、荒っぽい道を通行していた時に車が大きく揺れたために、道路に落ちてしまったのです。しかも、落ちたことに気がついたのはずいぶん時間が経った後でした。

バックを探しに来た道を戻っても、おそらくバッグは盗まれているでしょう。そのバックには貴重なものがたくさん入っていました。しかも、バッグには保険がかけてありませんでした。私はツアーに参加するみなさんに必ず、「万が一のことがあっては困りますから、必ず保険はかけるように」と言っているのですが、その方は保険をかけることを失念していたというのです。

だから、バッグをなくしたのは自己責任になるのですが、ただ、トラックを運転した運転手にも多少の責任がないわけではありません。そこでどうなったかといいますと、運転手と女性、私たちと話し合いをしたのですが、バッグをなくした女性は「仕方がないです。これも保険をかけていなかった私が悪いのだし、それに悪路であっても、それは運転手さんの責任ではありません」と言って、運転手を責めることはしなかったのです。

その態度に、運転手のほうも、賠償を求められたら自分の給料の半分を弁償しなければならないほどの金額でしたので、自分が着ていたポンチョをその女性にプレゼントしたわけです。それでもめ事もなく、円滑に終わったのです。

お互いの立場や事情を理解し、もめることなく、円満に解決に導いていくことは大変素晴らしいことだと思います。これが西洋だと、双方が弁護士をたてて、クレーム合戦を行うという醜い争いに発展するわけです。

しかし、日本人は、問題が起きた場合、できるだけ摩擦が起きないように、みんなで知恵を出し合い、問題解決のためにすごい工夫をするのです。現地の人たちに迷惑かけないようにという意識が非常に強い。しかも、疲れていても、体調が優れなくても、あまり文句を言わない人が多いです。

その傾向は、私のツアー参加者に限らず、日本人が本来持っている資質ではないでしょうか。生まれながらにして、持っているものだと思います。それが、日本のカルチャーのすごいところです。日本人の遺伝子のなかで伝承されているのだろうと思います。

日本人の「アテンション」力

笑顔について考えてみましょう。

「笑顔」に通ずるのは、実は注意力なのです。さりげない気遣いや自然にわいてくる笑顔で対応できる能力は、「気」の定義に通じるものがあります。

「気」のことを誤って理解している人が多いのですが、「気」はエネルギーのことではありません。気は「アテンション」、注意力のことなのです。精神世界においては、エネルギーにとらわれがちだと思います。

日本人は「アテンション・マスター」といっても過言ではありません。日本人のきめ細やかな配慮やその行為にはまったくストレスは感じません。これは日本人特有のスキルだといえます。

日本人の注意力がもっとも反映されるのは、世界最高といわれる技術力においてです。ユーザーの要望に対して全身全霊で注意力を発揮して取り組み、顧客のニーズに答えるために技術を開発し、その技術力を向上し続けたのです。つまり、日本人が相手に対して最初に考えるのは、古来から日本人が自然と持っていたサービス精神です。経済活動は二の次です。それが本来の日本人の姿です。

そこで、私は日本人ではない、ある人物を想起せざるを得ません。そうです。世界一の成功者となったヒッピー、スティーヴ・ジョブズです。

彼は生粋のヒッピーでありながら、アップルを世界最大の企業へと引き上げた功労者です。彼の哲学の源は「禅」でした。禅を経由して日本人的注意力を持って、多大なる利益を上げ、その利益をできる限り、次なる新しい技術開発への投資に回し、革命的なサービスを提供し続けたのです。

思い出してください。ヒッピーにとって「金は汚いもの」だからこそ、命がけでユーザーの期待に答えることが、スティーブ・ジョブズの「浄化」に対する方法論だったわけです。

宇宙のサポート

私のポケットには、いつも必要最小限のお金しか入っていません。これは、お金がなくなるという恐怖心に打ち勝つ実践トレーニングといってもいいでしょう。

あなた方は想像できますか？　知り合いも誰もいない辺境の地でお金がなくなるのです。この不安は、とてつもなく大きなものです。

読者のみなさんは、東日本大震災直後に大きな不安に襲われたと思いますが、その時の不安を思い出してください。地震や津波によって何もかも失ってしまう「かも」しれないという不安です。

そう考えると、三・一一は恐怖心に打ち勝つためのトレーニングの機会であったといってもいいでしょう。

地震直後はよかったはずです。ひとつのおにぎりをみなで分け合うという、助け合いの精神に満ち溢れていました。半分のおにぎりであっても、誰もが感謝の気持ちでいっぱいになったはずです。今日一日生きることができたという、感謝の気持ちを誰もが共有していたのではないでしょうか。

そのフィーリングを持っている時こそが、宇宙からのサポートとコネクトできる時だったのです。しかし、時間が経つにつれて、誰ものなかにあったはずの感謝の気持ちが、国や自治体からの援助を受けることによって、失われていくのです。

もちろん、被災された方や被災地へは支援すべきです。しかし、支援の代償として、おにぎりひとつに対して抱いていた感謝のエネルギーが失われていくのは、誰もがイメージしやすいことだと思います。そして何よりも、その「大いなる援助」の時、その差し伸べられる(かもしれない)時をいつまで待ちますか? そんな時間はないはずです。自らが行動する時です。

世界有数の災害大国日本ですから、今後も、いや想像以上に近い将来、大災害が起こるでしょう。その時のためにも日頃からトレーニングすべきなのです。繰り返します。宇宙は常に私たちをサポートしています。それに気づくことが大事なのです。国という仮想フィールドに依存しては、せっかくの大きな宇宙からのサポートが遠くへ行ってしまうのです。

日本人のキリスト性

私が四国八十八カ所のお遍路の旅に出た時のことです。ある夏の夕方、ようやく宿に到着しました。西日が眩しいし、ひぐらしが鳴いていました。宿のおばちゃんは、優しく私を迎えてくれました。ごく普通の民宿ですが、一泊五千円程度でした。この料金でよく民宿を営んでいると思いました。

夕食をいただいた後、部屋に戻ったのですが、どの宿も、必ずテレビが備え付けられていました。私はふだんはほとんどテレビを見ませんが、この日はどういうわけか、テレビのスイッチを入れてみました。音楽が流れて画面を見ると、『男はつらいよ』が放映されているではありませんか。

「えっ、寅さんじゃないの！」

私の大好きな寅さんです。昔からの大ファンで、四十九作全部見ています。それにしても、こんなところで、寅さんに会えるとは思いもよりませんでした。

放映されていたのは『男はつらいよ　浪花の恋の寅次郎』、第二十七作品目です。マドンナは松坂慶子さん、私は寅さんファンだから、真剣に見ました。

なぜか知らないけれど、見るたびにいつも涙が出ます。男として、旅人として、私のハートに響いてくるのです。寅さんは根っから正直な男で、嘘がつけません。権威づけたり、威張ったりもしません。そして、とても素直です。彼は、いわゆる「いたらない人」なんですね。失敗ばかりの人です。そういう意味では、一般社会から捨てられているし、社会に入れないアンチヒーローですが、私は心から彼に同情できるのです。

彼を受け入れている柴又のおじちゃんとおばちゃん、それに妹のさくら。延々と動き続け、旅し続ける寅さんのすべてを許してくれる、この家族の素晴らしさ。きわめて日本的な発想だと思います。この純粋な人情が溢れるストーリーは、天才的といってもいいと思います。毎回同じだけれど、毎回違うのです。寅さんは、人間の本質的部分をしっかりつかんで、表現しているわけです。日本語を学ぼうとするすべての外国人は、寅さんを見るべきだと思います。なぜなら、日本を知るには、いい勉強になるはずだからです。

前にも見たことがあるはずなのに、また笑ってしまいました。そして、泣いてしまいました。実は、その次の月も見てしまいました。『男はつらいよ　旅と女と寅次郎』第三十一作目の作品をです。マドンナは都はるみでした。

私は、「寅さん」を見ると、いつも考えることがあります。それは、本物のキリストとは何か、キリスト意識とは何かということです。

いきなり話が飛躍するようですが、私がキリストとかキリスト教という時は、ローマ法王とか大聖堂でそっくり返っているキリスト教徒を意味しているわけではありません。毎週一回礼拝に行っている人も想定していません。私がいうキリスト教とは、一世紀から三世紀くらいまでの初期キリスト教徒のことです。

まあ、定義はともかく、要するに、本来のキリスト教というのは、最もパワーのない人や弱い人こそ、神の国に入れるという考えでした。別に大聖堂で偉くなっても、神の国には入れない。むしろ、自分自身になんのパワーもなく、弱くて、スーパーヒーローじゃない人が、すべての障害を克服していくという考えでした。

一見、矛盾していると思うかもしれません。しかし、キリスト自身を考えてみれば、すぐわかるはずです。なぜなら、キリストほど弱々しくて、なんの力もなくて、無残な最期を遂げた人はいないでしょ？　彼はスーパーヒーローではありません。むしろ、アンチヒーローです。もし、キリストが何かすごい力を持っていたら、ローマ軍の陰謀を透視して、未然にどこかに逃げることができたはずです。また、カリスマとして組織を作って君臨していたら、大反乱軍を組織してローマと戦ったはずです。

キリストはそうではなく、まったく弱い人だったのです。そして、キリストという存在は、こういう弱い人こそすべてを克服するという、どんでん返しのストーリーをもたらすのです。そこで、「寅さん」です。彼は、なんの力も、金も武力もなく、女に弱い。チンピラっぽく肩をそびやかして、ナナメに歩いていくけれど、実際に暴力は振るうわけではなく、ものすごく可愛い男です。

仮に、キリストが二千年ぶりに復活したとしましょう。そこで、世界ツアーやろうという話になりました。その目的は、「どこの国でキリスト精神が実現されているか」を探ろうというわけです。

まず、キリストはアメリカに行きます。しかし、そこで、彼はもう大失望を味わうわけです。吐きそうになるわけです。

「金とセックスにはまっていて、宗教はただのシステムで、まるっきり物質世界やないか、キリスト精神なんにもあらへん。まったく無視してるやないか」と。

ヨーロッパはどうかな？　と今度はヨーロッパに行きます。

「うわー、なんて冷たい国。愛も何もない。教会しかないじゃないの」と、感じるわけです。

最後に、日本に来ます。彼はおそらく驚くに違いありません。こんなに多くの人が、毎日狭い国でひしめき合って、動き回っているのに、お互いのエゴを抑えて譲り合って、あまりぶつからずに暮らしているのを目のあたりにして、度肝を抜かれてしまいます。エゴが強くないことは日本人の特徴ですが、ちょっと考えればこれは奇跡的なことなのです。

パウロはコリント人への手紙の中で、争い事が起きた時は、絶対に自分が正しいと思っても、負けてあげなさいと言っています。全体の調和をとるために、それが大切な道だと諭しています。裁判になる事態は絶対に避けなさいと言っています。

これは、素直に相手に委ねなさいということで、初期のクリスチャンの教えなのです。すべてを委ねるから、金も着ている物もすべてシェアすることができるわけで、それこそ本当のコミュニズムなのです。

ローマ人はキリスト教やキリスト教徒のことを嫌っていましたし、軽蔑していました。しかし、ローマがペスト禍に襲われた時、クリスチャンは敵のローマ人をも愛をもって救おうとしました。これには、さすがにローマ人も驚愕したわけです。普通は敵をこんなふうに愛せるわけがないはずです。キリスト教徒は本物だと思ったわけです。それで、ある資産家のローマ人はすべての財産をキリスト教に寄付したというエピソードがあります。そのくらい、原始キリスト教徒は、本物だったわけです。

かつてはこうした素晴らしい信仰と社会のモデルがあったのに、現在の欧米社会はどうでしょうか。聖書に手を置いて宣誓したブッシュは、アメリカを現実的に独裁し、戦争国家にしました。ブッシュの後を受けたオバマ大統領もブッシュ政権の呪縛から逃れるすべを知りません。

日本は、実に調和がとれています。争いごとを起こさないコミュニティを築き、助け合いとシェアをする精神に満ちています。私の京都の自宅が放火された時のコミュニティの人たちの心温まる支援をよく思い出します。あのコミュニティは、本当に献身的でした。その背景には、古神道の清らかさや自然への信頼があると思います。だから、キリストは「寅さん」を見てきっと涙するはずです……。

テレビを消すと、部屋は静かになりました。明日も長い距離を歩かねばなりません。私は、おやすみの代わりにこうつぶやきました。

「寅さん、ありがとうよ」

第 4 章

日本への提言

日本人のキーワードは素直で真面目だが……

日本人の思想の中核をなしているのは、素直で真面目に、みんなと和を保ちながら、よりよい社会を作ろうという意思です。キーワードは、「素直」ということで、欧米人と比べると、日本人はあまり自我をそんなに表に出しません。「俺が」「俺が」という自分の意見を強調して、存在感をアピールする欧米人との顕著な違いではないでしょうか。

私は朝、いつも同じような光景を目にしています。それは、高齢の老人が毎朝、ペットを連れながら、ビルの前を掃除している姿です。私がそこを通るたびにその老人は、ニコッと笑って、「おはようございます」と挨拶をしてくれます。おそらく老人が掃除をしているビルは老人が所有しているものなのでしょう。私は彼から、こんな印象をいつも感じています。「今日一日、フレッシュな気持ちでみんなに感謝をしながら、みんなのためにベストを尽くします、がんばります」

こうしたことは日本では当たり前のことです。お客さんに対してベストを尽くすということは当然のことで、しかも、この老人はペットに深い愛情を注いでいます。私は、この老人を見て、非常に温かい心の持ち主ではないかと、思っているわけです。

人に対して、社会に対して真面目に素直に接し、やるべきことは人任せにせず、責任を持って遂行するというのは、よくできた行為だと思います。昔の日本人にとってこういうことは当たり前のことなのです。

しかし、こうした心の持ち方、行動の仕方といいますか、長い歴史のなかで培ってきた日本人として継承されてきた生き方や知恵が、現代の二十代、三十代の若い人たちに受け継がれていくのかどうか、私ははなはだ疑問に思っています。なぜなら、彼らの世代はあまりにも物欲が強すぎるからです。大衆消費文化が発達しすぎているのかもしれません。

私が四国八十八カ所巡りのお遍路に出かけた時のことです。その当時、お遍路姿を見ると、三十代の女性が非常に多かった。彼女たちは自分の人生を見つめ直すために、あるいは自分の生き方をただすことを目的として、お遍路という手段を選んだのでしょうが、現代の二十代の女性たちはそんなことをするでしょうか。

昔の日本人だと、修行したり、辛抱したりするのは当たり前といいますか、そうしたことは日本人の根底にあったのです。しかし、現代の二十代の女性、あるいは三十代の女性を見ていますと、そんな心の持ち主がいるかどうか、本当に疑問です。

昔の日本人は強靭な肉体を持っていたが……

また、私は大相撲が大好きで、よく取り組みを見ていますが、最近の相撲は「水入り」が非常に少なくなりました。若い人たちは「水入り」とはなんのことかご存知ないかもしれませんが、相撲を取り組み始めて三分間もすると、行事が「水入り」といって、休憩を入れるわけです。これを「水入り」といいます。昔の相撲は「水入り」が一場所に必ず何回かありましたが、最近の相撲はそれがないのが寂しい限りです。昔の相撲取りに比べると、現代の力士は身体が弱くなったのでしょうか。

それは力士だけではありません。昔の日本人は小柄で、がりがりにやせていました。武士の食事は一日二食だったそうですから、無理もありません。しかし、そんな身体でも非常に強靭で、タフでした。現代の日本人の体格は欧米並みとなり、昔と様変わりしました。

食生活も豊富になり、食生活の欧米化が顕著に進んでいます。食事は一日に三食は当たり前で、なかには四食も、五食も食べる人もいます。しかし、私は思うのですが、現代の二十代、三十代の日本人は長生きできないのでないでしょうか。

私は危惧しています。百年後は日本人の姿はまったく変わっているのではないでしょうか。そんなことを思っているのは私だけではありません。多くの外国人は、日本人のよさがなくなりつつあることに気がついています。しかし、当の日本人はそうしたことにまったく気づいてはいません。

正義感をなくしつつある

これは日本だけの問題ではありません。世界中で今、正義感が失われつつあります。正義とは何かといいますと、ウィキペディアには次のように記されています。

「倫理、合理性、法律、自然法、宗教、公正ないし衡平にもとづく道徳的な正しさに関する概念である。正義の実質的な内容を探究する学問分野は正義論と呼ばれる。広義すなわち日本語の日常的な意味においては、道理に適った正しいこと全般を意味する」

一言でいえば、道理にかなったこと全般のことだと思います。私が日本の親子関係や男女関係を四十年間にわたって見てきていえること、それは、昔の日本人は父親でもおじいちゃんでも、子供に対して、それは自分の子供であろうがなかろうが、子供たちが道理にかなわないことをすると、その場でしっかり叱りました。「そんなことをするのはよくないよ」と。その場ですぐに相手を正そうとしました。外国人の私も日本のマナーや習慣を知らなかったために、よく叱られました。

しかし、最近の日本人を見ていますと、「正しくないことは正しくない」「悪いことは悪い」とはっきりいえる人たちが劇的に少なくなっていると思います。

たとえば、私が住んでいたところで大手スーパーが進出し、昔ながらの商店を食いつぶしながら、店舗展開をしていたことがありました。確かに、大手スーパーができれば、便利ですが、こうした地元の商店街やお店をつぶして、食い物にしていくやり方は、いくらM＆Aがビジネスのトレンドとはいえ、醜い行為です。しかし、その地域の住民のみなさんは反対運動を起こすこともなく、おとなしく大手スーパーの進出を眺めているだけです。

原発のデモについても私はこう思っています。確かに、原発反対のデモに参加するのは時流に乗っていてかっこいいと思われるかもしれませんが、果たして、デモに参加している人たちの何人が、デモの先にあることを考えているのでしょうか。集団的なメンタリティで行動するだけで、その先にある結論がどうなるのかを考えていない、という参加者が多いのではないでしょうか。付和雷同的に行動することは正義感があるとはいえません。

政治の世界を見てもそうです。ガンジーやネルソン・マンデラのような、身体を張って国の正義を守るために、国民のことを守るために働く政治家が日本にいるでしょうか。私は、今の日本人は、道理にかなっていないことを見ても、「まあ、仕方がないんじゃないの」という、非常にゆるい国民意識になっていると思っています。

間違ったことをその場で正そうとしない日本人が増えるということは、この国は本当に危ないと思わざるをえません。

おもてなしの心があるのか？

二〇二〇年の東京オリンピック開催の決め手になったひとつに、「おもてなし」ということがあります。今では、すっかり流行語になりましたが、オリンピック招致のデモンストレーションで日本にはおもてなしの精神が根づいていることを盛んにアピールしましたが、果たして、日本人のなかにおもてなしの精神があるのでしょうか。

国立新美術館館長で文化人類学者の青木保さんはこう述べています。

「接待ビジネスの世界は別にして、現代日本の一般の人たちの間におもてなしの心が根づいているとはいえない」と。さらに、おもてなしの定義としては、「本来のおもてなしとは、お金が介在しない心遣い。まったく知らない人であっても、困っていたり寂しそうにしていたりしたら、ちょっと声をかけて『どうしましたか？』『お茶でもどうですか？』と聞いてあげる。人間関係を円滑にする潤滑油であり、他人の温かさを知り、自分もそれを他人に受け取ってもらうことで気持ちよくなる、そういうものだと思います」と。

かつては、おもてなしの心が日本人のなかにはありました。戦前までは人間関係の基礎的な部分において、おもてなしが重要な役割を果たしていました。たとえば、徳川時代などは、おもてなしができない人間は変人と思われていたといいます。また、都市でも農村でも、地域社会がしっかり成り立っているところでは、おもてなしという考えは当たり前のことだったのです。

しかし、高度成長時代を境に地域社会は崩壊していきます。労働を求めて地方から都市に多くの人たちが流入し、都市にもあった地域社会が徐々に崩壊していきます。そして、「隣は何をする人ぞ」というふうに、隣人同士の人間関係が希薄になっていきます。古くからの商店街が残っている下町や田舎では、今でも町内会が地域の人間関係の潤滑油として機能していますが、多くの都市部では町内会の行事に参加するのはその地域に昔から住んでいる人だけで、新しい住民はまったく町内会活動には見向きもしないという状況です。

日本人には代々受け継がれてきたおもてなしの精神がＤＮＡとして潜在していると思います。それが、社会構造の変化、つまり、核家族化や都市化が進んだことによって、他人とどうつきあったらいいのかわからない人が増えたり、おもてなしを受けるのを鬱陶しいと感じる人が増えたり、また、核家族のためにおじいちゃんやおばあちゃんが持っている豊かな知恵に接する機会がないことから、おもてなしをする心があっても、どうその気持ちを表したらいいのかわからないという人が増えているために、おもてなしの心が薄れきているのではないでしょうか。

人間関係の希薄な社会は、様々な問題の引き金になります。日本人が再び、おもてなしの精神を当たり前のように発揮するためのキーを握っているのは、一九七〇年代以前の社会を知っている人たちではないでしょうか。

新しい挨拶

私は、「おはようございます」「お疲れさまでした」という挨拶を交わす日本人が大好きです。そうした挨拶を交わすだけで、スピリチュアルパワーは絶大になるのです。感謝の気持ちを言霊に変えるのです。言霊とは言葉に宿る霊的な力です。神道においてとても大切なものであり、日本人は古代から言葉の力を信じ、大切にしてきました。

そこで私から提案があります。

新しい挨拶をしようということです。その挨拶とは、「つながっていますか？」です。「つながっています！」というのは、とっても大事な確認にもなるのです。

日々多忙ななかで、私たちが天体や森羅万象、あるいは風や雨ともつながっていると意識するには、無理があります。でも、こうやってお互いに挨拶を交わす時には、そのこと＝つながっていることが意識できるのです。そう意識する瞬間こそが大事なのです。

そもそも日本人は、「つながり方が上手い」民族です。しかし、今はそのつながり方が弱くなってしまいました。そうさせた要因は「分離意識」です。自分だけよければよい、自分のためだけに何かをする、こういうのは、本来の日本人の姿勢ではありません。競争心も似合わない民族です。

日本人の長い歴史において、このような分離意識が強くなったのはごく最近のことです。このことは先述したとおりです。

かつての日本人はまず、祖先とつながっていました。もともと日本人は先祖を大事にする民族です。家には仏壇があり、お彼岸にはお墓参りをし、三世帯、四世代同居は当たり前でした。遙か昔まで先祖を辿ることができないとしても、『古事記』『日本書紀』といった神話を持ち、それが現在につながっていることによって、日本人としてのアイデンティティを自然と感じることができたのです。これは祖先から今の自分につながる縦の糸です。

そして、かつての日本人は地域のつながりを大切にしてきました。地域には必ず神社やお寺があって、祭や祝い事などをその地域で共有し、共同体としてのまとまりがありました。コミュニケーションが完璧にとれた社会で、外出する時に鍵をかけないという家も普通でした。それほど信頼関係のあるコミュニティを作ってきました。これが周囲と自分をつなげる横の糸です。

縦の糸と横の糸がしっかりと張ってあれば、その人は精神的に安定します。かつての日本人はみんながそのような縦糸と横糸に支えられ、丈夫な布のような安定した社会を作ってきたのです。そして、自然に感謝し、敬い、祈りを捧げてきました。それは言い方を変えれば宇宙とつながっていたということなのです。

今の日本人は縦糸も横糸も切れてしまっているようです。つながりを忘れ、糸が切れたタコのようにふらふらとしているといってもいいかもしれません。

時間に完全に支配されていることに気づく

みなさんは、朝起きるなり、慌ただしく身支度して、駅まで早足で歩き、電車に駆け込み、ぎゅうぎゅう詰めの電車の中でスマホの画面と向き合っている――。そのような一日のスタートを切っていませんか？

そんな毎日に疑問を抱くこともなく、一生懸命、一日を全力疾走していませんか？　私は、世界中を旅し、様々な都市の光景を見てきましたが、日本人は間違いなく、世界一せわしない日常を生きています。時間に対しても非常に生真面目です。その生真面目さは素晴らしいことです。それは人だけでなく、電車の運行もキッチリ時間通りです。このことについては、海外メディアが日本人の民族性を紹介する時に、必ず例に挙げることです。

しかし、日本人はそろそろ目線を変えるべきです。時間に完全に支配されていることに気づくべきです。

今は誰もが時間に追いかけられる日常を過ごしています。昔までは、楽しい時間はあっという間に過ぎ、退屈な時間やつまらない時間は重たくゆっくり過ぎていく、といわれていましたが、今やそのような時間の分類は無意味なぐらいに、加速度的に時間は容赦なく日本人を急流へとのみ込んでいます。

その先にあるのはなんでしょうか？　時間の滝つぼってなんでしょうか？　本当に今、私たちの日常は危機的状況だということを認識しないといけません。

では、みなさんが時間をコントロールする側に立つことができるとしたら？　それはぜひ実践してみたいことだと思いますが、実は、それは日本人が長きにわたり実践してきたことにヒントがあるのです。

とにかく、一日の時間をコントロールするためには、朝の過ごし方がすべてです。そのためには、まず、時間を止めることです。それで一日は変わっていきます。

私はどうしているかといえば、毎朝、四十分間座禅を組みます。それは座禅ではなく、ストレッチでも、ヨガでも、瞑想でもいいのです。とにかく時間という〝親分〟に、「ちょっと待て！　今から整える！」という、そんな感じです。

ふだんから信仰を持つ人は、お祈りやお題目を唱えるのもよいでしょう。個人的にオススメするのは般若心経の写経です。とても穏やかな表情や気持ちになることができます。

もともと日本人は、朝の過ごし方の達人だったはずです。みなさんも、少し早起きして、自分なりの儀式を見つけて、実践してみてはどうでしょうか？　たったそれだけで一日の時間をコントロールできるとしたら、それは素敵なことといえるのではないでしょうか？

動き回ることの効果・効用

震災後の今の日本の姿は、日本人が古来から培ってきた精神文化や日本人として本来の姿、本質を見失っているように、私は感じています。正確には、震災前からすでに失ってはいたのですが、今は連綿として日本人に受け継がれてきた文化や精神性が完全に絶たれてしまったように感じるというのが私の気持ちを正確に表しています。

ここで少し、日本の原住民についてお話ししたいと思います。

原始の日本人は実は遊牧的といいますか、ノマドでした。ノマドとは英語で「遊牧民」を意味します。それが農耕というシステムを取り入れたことによって、遊牧民からひとつの場所に定住する民へと変貌していき、現在に至っているわけです。

スコットランド人の私には、その点については違和感を覚えます。なぜかといえば、スコットランド人はとにかくよく動き回ります。それはスコットランド地方の天候とも関係があると思いますが、スコットランドでは1年中、天候が悪いため、ひとつのところにじっとしていると、鬱陶しくなってくるのです。

しかも、何かを文字で残そうという習慣もありませんし、何かを表現する手段としては、躊躇することなく、舞踏を選ぶような民族です。ある意味では、「動く」ことの効用を心得ているといっていいかもしれません。

人々が動き回るだけで、いろいろな現象が変化していくのです。たとえ、どんな問題を抱えていたとしても、家の中でじっと塞がってしまっていては何も問題は解決しません。ですから、まず動き、まず歩き、動き回ることによって問題を解決する、あるいは問題は解決されるという意識なのです。

たとえていえば、水はそこに留まっていたら、ただ腐るだけですが、流れていればいつも新鮮な状態のまま、ということです。

日本を愛する外国人として、あえて厳しくいわせてもらうなら、東日本大震災から三年経ちますが、今の日本は「腐った水」のような状態になってしまってはいないでしょうか。ただじっとして、政府にクレームをつけて、申請が受理されるのをひたすら待っている……、これって、過ぎていく時間のほうがとっても貴重なものじゃないですか？　もしそこに留まることが不安ならば、移動すればよいのではないでしょうか？

と、なぜこんなことをいうのか、それは、今まさに世界は大きな変革期に差しかかっているからです。その日本人に根づいてしまった定住意識が、その大変革の時にネックとなる可能性を感じるからです。

聖なる日本の日本人的な部分こそが、これからの世界を読み解くと、マイナスに作用することがある、という心配です。

移住とか引っ越しとか、そんな大それた話につなげるわけではありません。新しい意識、いや縄文人といってもいいかもしれませんが、古代日本人に立ち返るためにインストールすべき意識です。

その意識を獲得するための初歩的なトレーニングをお伝えします。日々の通勤通学でできる簡単な行為です。朝起きて駅まで歩く、電車に乗る、そしてまた歩く、そのルートを毎回変えてみるのです。

それをゲーム感覚で毎日実践します。いつもと利用する駅を変えてみるとよいでしょう。そして視覚から意識をリフレッシュさせるのです。そして歩き方も意識的に変えてみましょう。テンポや歩幅も変えてみましょう。私は、後ろ向きで歩くこともあるぐらいです。

日本人は、実用的な民族だと幾度となくお伝えしていますが、「よいとされる情報」はすぐ実践できる民族で、試してみることに少しも迷わない民族です。ぜひ一駅手前で下車して、後ろ向きで歩いてみてください。思いもかけない「オリジナル」な意識が新たに備わると思います。

そして、その新たなルートで必ず起きる「出会い」を楽しんでみてください。それは景色だったり、子猫だったり、異性だったり、無限にあるわけです。

恐怖ビジネスに負けないで

恐怖心とＤＮＡの関係性について話をしたいと思います。

らせん状のＤＮＡは、その形状が示す通り、バネのように伸び縮みします。そのらせん状が長くノビノビとしている状態は健康で、逆に、短く窮屈な状態だと不健康を示しています。言葉を換えれば、余裕があれば健康で、余裕がなければ不健康ともいえます。

本来、人類はみな健康であるべきですし、それこそが理想の世界です。もし、本当に誰もが健康だった場合、ドラッグビジネスは消えゆくジャンルとなります。ビジネスとして成立しないことになります。

しかし、そうはさせまいと、ドラッグビジネス界はありとあらゆる恐怖心を煽るトラップを私たちの周囲に張りめぐらせています。病気に対する恐怖心を、メディアを使って、手を変え品を変えて発信し続けています。

恋人が不治の病で死んでしまう悲劇のドラマを企画・放送したり、雑誌では健康になるための有意義な情報に見せかけていますが、実はその病気への意識づけを目的としているものなど、ドラッグビジネス業界が仕掛けている情報は多岐にわたります。

特に日本人は、それらの恐怖心を煽る情報に対して無防備すぎます。日本の街中には繁華街までいかなくても、大きなドラッグストアが存在しています。世界中どこを探しても、このような大きなドラッグストアだらけの国は日本だけです。

恐怖情報で完璧に萎縮したDNAのらせんは、過度に圧縮され、それ自体が病気の元へと変貌を遂げるのです。そしてキツい薬を投与されたり、手術を余儀なくされるということになるのです。

いいですか、薬はすべて毒なのです。その毒の成分と量を調整することで患部に作用するわけですが、もともとは毒に違いありませんから、害がないわけではありません。

このような話をすると、「じゃあドラッグストアがなくなったら病気になった時にどうすればいいんだ！」という人が必ずいます。

そんな方々にお伝えしたいエピソードがあります。

イギリスの医療界は頻繁にストライキを起こすのですが、そのとばっちりを受けるのは、当然のことながら、怪我人や病人です。ある年、医療界のストライキが長期化したため、懸念されたのは病気の発生率でした。しかし、そのストライキをしている期間中、病気の発生率は劇的に下がったのです。

このような現象はイギリスだけではありません。世界各国で起きている現象なのです。ストライキ期間中の死亡率や緊急を要する手術の数も、どちらも著しく低下しました。その現象は、「ストライキの奇妙な副作用」と報じられたほどです。

日本人はよくこんなことをいいます。

「病は気から」と。

本当は、日本のみなさんもよくわかっているのです。どうか恐怖心ビジネスに負けないでください。特に、大病や難病を絡めた感動ストーリーには要注意です。その裏に潜んでいる罠に気づいてください。

そして、大きなドラッグストアが立ち並ぶ光景に慣れないでください。余計なものは引き寄せない、生きるうえで、ごく当たり前の「回避力」ということです。

環境破壊をストップせよ

マリナーズやスターバックスが生まれた街として、日本人にも馴染みが深い街シアトル。その街の名にもなった先住民のチーフは嘆きました。

「白人は嘘をつく、約束を破る、自然を破壊し続ける。森の最後の木が倒れるまで気づかない人たちだ」と。

チーフ・シアトルの有名なスピーチです。

「大地は人間が所有するものではない、人間は大地の一部にしかすぎないのだから」

この言葉は、アニミズム、そしてシャーマニズムの精神が染み込んでいる日本人なら素直に入ってくる言葉でしょう。

しかし、現実はどうでしょうか？

その白人同様に、最後の一本まで木を倒してまで、新しい街を作り続けることに、私は違和感を覚えます。

もともと、日本人は自然崇拝の民族です。まだこの地が日本国と名乗る前から、そして神道も仏教もない時代から、自然との調和を重んじる意識が確立されていた稀有な民族だったのです。アマテラスオオミカミの弟のスサノオノミコトの子であるイソタケルは日本の山々に木を植えました。神話の時代において、神様はすでに植林をしていたのです。

それなのに、今の日本人はなぜ大地を汚すことに躊躇しないのでしょうか。残念でなりません。

この矛盾も、不思議の国、日本の「らしさ」なのかもしれません。しかし、伝統と革新の調和というバランスがいつまで維持できるでしょうか？　私はそろそろ乱れるのではないかと思っています。今、「木を切る」ことをストップしないと、大変なことが起きるのではないかと案じています。

日本ルネサンス

私の今のスローガンはルネサンスです！

文芸復興というとらえ方ではありません。日本のカルチャーを世界に向けて発信するのです。政府は「クールジャパン」を掲げ、日本のアニメーションを中心に展開しています。アニメーションはアニミズム、つまり、日本人が持つ自然崇拝の言葉を語源にしていますから、大きくズレてはいませんが、日本の文化の中心軸は、まさしく中心、中道、中庸なのです。右でも左でもない「ニュートラル・ジャパン」です。

この「ニュートラル」の精神こそ、世界に誇れる日本の文化を一言で表現しているのです。究極の芸術作品はなんでしょうか？　私は知っています。人間が創造しうる究極の芸術作品は「平和」なのです。

私の思想の根本にあるのは「平和主義」です。冒頭、父親との関係について告白しましたが「断絶」に近い十代を過ごしたのは、父親が負った第二次世界大戦の深い心の傷が起因します。今でこそ退役軍人の心のケアについて向き合う社会ができていますが、当時は、ただ傷を負ったまま家庭に戻ったのです。戦争は勝者にも敗者にも同様のダメージを与えます。

何よりもまず「平和」です。それは私にとっては必然でした。

日本人の本来性は、大宇宙の摂理に従えるような、素直で穏やかな生き方であることは、今まで述べた日本人の「聖なる部分」を振り返っていただければ明らかです。

日本に来て四十年近くになりますが、この国のカルチャーの軸は「平和」だと認識しています。私は日本で生活していて、どこの街やどの道でも、暴力的な光景に遭遇したことがありません。もちろん、テレビのワイドショーでは、たまに起こる陰惨な殺人事件を取り上げたりしますが、私がいっていることは、日本以外の国では、ちょっと外出したならば、暴力的なシーンは避けられないということです。

イギリスでは、週末になれば、どのパブにいようとも、必ず致命的な暴力沙汰の目撃者になってしまいます。日頃のストレスを暴力という発散方法で解消する選択しか持ち得ていないのです。

しかし、日本は、日本人は違います。とくに誰かに押しつけられたというわけではなく、本質的に「非暴力」を実践できる民族なのです。

日本人が目指すべき道はただひとつ、ニュートラルなスタンスを世界中に知らしめるのです。そして「平和」という作品を全人類でつくろうではないか！　と声高らかに、そして明るい声で叫ぶ時なのです。

聖なる国、日本

本書において、外国人からの日本の評価をエピソードを交えて紹介することも考えましたが、それは今の日本人にとってよい作用を生む行為なのかと自問した結果、NGとしました。理由は簡単です。たとえば戦国時代の日本や侍の生きざまに触れて感銘を受けたその言葉が、現代日本人にとってなんになるのか？　はなはだ疑問だからです。そういう高い評価をみなさんは喜ぶでしょうか？　ホッと安心するでしょうか？　誇りに思いますか？

今はそんな時ではありません。外国人が日本を評価するその言葉の数々を否定はしませんが、もうそんなタイミングではないということです。ジョン・レノンが神道に傾倒していたという事実は、確かに「イマジン」の世界観と神道の根本理念の一致から手繰り寄せることができますし、私としては少し嬉しいことですが、それだけのことです。

それでも、今の日本人を見て強く感じることを伝えたいと思います。

先にも触れたように、情報に溢れかえった現代において、検索脳とでもいいましょうか、何事も頭だけでわかった気になっている人が増えていることは、ある意味、日本の社会は危機に直面しているといえます。ネットやテレビなどの情報で満足してしまい、少しも実践しない、つまり、冒険を恐れています。

自分たちは傍観者のままなのに、どうでもいい情報に触れることで、世界のことを知った気になっています。スピリチュアルを求めている人たちはその傾向にあります。手軽な、まるでスナック菓子を食べて満足を得るようなレベルで納得しています。

スピリチュアルというものに関して、日本は特別な国です。スピリチュアルな生活を送るために、これまで培ってきた長い歴史と伝統があるにもかかわらず、それを忘れて論理的思考と物質主義のアメリカ的ライフスタイルの追求ばかりしています。これは危険です。

日本の能楽に造詣が深く、素晴らしく神秘的な詩の世界を構築したノーベル賞詩人・イェイツは、「論理や哲学や道理にかなった説明に頼る人々は、最終的に頭脳の最善の部分を餓死させる」と言っていますが、今の日本人の頭脳も餓死しかかっているのではないか、と私は危惧しています。

イェイツも西洋的な詩作で行き詰っている時に、論理だけでの詩作の袋小路に閉じ込められたタイミングで、日本の能楽について教えられ、西洋的な限界を乗り越えることができて、とてもスピリチュアリティに溢れる詩作が可能になりました。

日本の文化は、昔も今も論理の壁に閉じ込められた人を解き放ち、とても深いスピリチュアリティを人にもたらしています。私を含めた欧米人が日本という国のどこに、これほどまでに魅了されるのか？　それはアジアの全文化を結晶した類まれなる精神性があるからです。

その能の紹介者はフェノロサであり、エズラ・パウンドでした。日本文化の結晶化ともいえるこの古典芸能と同様に、もうひとつ取り上げなければならない文化は俳句です。

そもそも俳句は、自然と人間のつながり、あるべき関係性を、可能な限り削ぎ落とした文学です。俳句は「自分」が隠者となることで、自然との調和を図る、崇拝すべき自然と四季を重んじて、それを「主」とする、その謙虚ともとれる姿勢が生み出す究極の美的表現です。

これこそ日本人の聖なる能力、「つながる」ための作法の奥義なのです。

そこには「自我」のいっさいが存在しません。自我こそが人間において最も悪しき「存在」だということを知っているのが日本人なのです。このスタンスを「聖なる」と呼ばずしてどうする！　ということです。

私は日本のみなさんに主張したいと思います。

一つめは、代々培われてきた日本の文化は大変貴重なものです。その日本文化をみなさんはぜひ守り続けてください。そして、世界に向けて日本の文化をもっともっと発信してください。

二つめは、あなた方が模倣している海外の文化については注意を払ってください。とくに、アメリカの文化は模倣するに値しません。なんの価値もありません。もし、機会があれば、『オリバー・ストーンが語るもうひとつのアメリカ史』というドキュメンタリー番組をぜひ視聴してください。アメリカの真実の姿を描いている秀作です。十回シリーズになっています。アメリカは間違いなく日本を再び戦争へ導こうとしていますし、アメリカの従属国家化しようとしています。

三つめは、日本の価値は経済的繁栄よりももっと価値のあることだとわかってください。私たちの世界は混乱する気候変動の脅威にさらされています。その問題を解決するのは、お金ではありません。日本の中心的な価値観（正直・素直さ、他を敬う、よい仕事をする、協調と分配など）が、私たちが気候変動に対処するのに大いに役立つでしょう。

現代日本人として、あなたたちはもっともバランスのとれた、平和で、ダイナミックな日本文化を世界に対して示していく必要があります。日本人ひとりひとりの価値はこの世の偉大な贈りものなのです。日本の文化や精神をけっして投げ捨ててはいけません。それが、私の日本人のみなさんに対する願いです。

おわりに

この本の最後に、ネルソン・マンデラ氏が大統領就任演説で引用した、マリアン・ウィリアムソンの詩を紹介したいと思います。

「日本はこれからだよ！」をよく唱えるひとりとして、「日本のルネサンス」ができるように、ぜひとも読者の心に留めていただきたいと思います。

私たちが一番怖れているのは、自分の無力さではありません。
私たちが怖れているのは、自分の並外れた力強さです。
私たちを怯えさせるのは、自分の闇ではなく光なのです。
私たちは自分にこう問いかけます。
「私はいったい何者なのだろう？

私は華麗で、才能豊かで、素晴らしい人間になっていいのだろうか？」

本当の自分を偽ろうとするあなたは何者でしょうか？

あなたは神の子です。

自分が取るに足らない人間であるふりをしてみせても、それは世の中の役にたちません。

周りの人に不安を抱かせないように小さく生きるのは、決して正しいことではありません。

子供がそうであるように、私たちはみな光り輝く存在です。

私たちは、自分の内にある叡智を明らかにするために生まれました。

それは限られた人にだけあるのではなく、すべての人の中にあります。

自分の光が輝くにつれ、私たちは無意識に、他の人を輝かせることができるのです。

そして私たちが自分自身の怖れから解放される時、
私たちは他の人々も解放することができるのです。

エハン・デラヴィ
Echan Deravy

一般社団法人マカ自然研究所理事長。
シンクロニシティ・アカデミー校長(日本リモートヴューイング先駆者)。
他にも、意識研究家・講演家・作家・世界探検家・
海外ワークプランナー・古代文明研究家など多くの顔を持つ。
1952年スコットランド生まれ。

幼少から神秘的な世界にひかれ、22才より日本で生活を開始。
日本で15年間、東洋医学と弓道に専念する。
神戸女学院や関西大学などで英語の講師を務めた経験もあり。
幅広いテーマ(宇宙物理学、経済、脳科学、精神科学など)に
深い造詣と独自の考察を有し、意識研究家として知られ、
世界隅々から収集したニューパラダイムに関する情報を伝えている。

3・11震災時には、多くの外国人が帰国する中、
急遽日本に駆けつけ、九州から日本を縦断しながら「これからだよ日本は!」と
力強いエールを送る講演と募金活動を行い被災の中心に赴いた。
自らトラックを運転しながらの1カ月以上に及ぶ支援活動のなか、
被災地から日々発信されるレポートは被災地の現状を
リアルタイムに届け国内外に多くの反響をもたらした。
MIND、SRIRIT、BODYの三位一体による「独立個人」を提唱し、
「日本ルネサンス」をキーワードに複雑・混沌を極める時代に
日本人をパワフルにすべく活動を全国で展開中。
『太陽の暗号』『フォトンベルトの真実と暗黒星ネメシス』『地球巡礼者』
『神道よ!今こそ《古来の本物の道》に戻るのだ!』など著書多数。

聖《せい》なる国《くに》、日《に》本《ほん》

欧米人《おうべいじん》が憧《あこが》れた日本人《にほんじん》の精神性《せいしんせい》

2014年4月8日　初版発行

著　者　エハン・デラヴィ

発行者　磐﨑文彰

発行所　株式会社かざひの文庫

〒110-0002 東京都台東区上野桜木2-16-21

電話&FAX 03-6322-3231

e-mail　company@kazahinobunko.com

http://www.kazahinobunko.com

発売元　太陽出版

〒113-0033 東京都文京区本郷4-1-14

電話 03(3814)0471　FAX 03(3814)2366

e-mail　info@taiyoshuppan.net

http://www.taiyoshuppan.net

印　刷　シナノパブリッシングプレス

製　本　有限会社井上製本所

装　幀　大久保裕文＋武井糸子（ベター・デイズ）

ISBN978-4-88469-794-5